QICHE WEIXIU
KUAISU RUMEN YU TIGAO

汽车维修
快速入门与提高

凌凯汽车技术　组织编写
于海东　主　编

彩色版

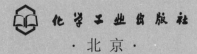

化学工业出版社
·北京·

图书在版编目（CIP）数据

汽车维修快速入门与提高 / 凌凯汽车技术组织编写；
于海东主编. 一北京：化学工业出版社，2018.10
ISBN 978-7-122-32784-0

Ⅰ. ①汽… Ⅱ. ①凌… ②于… Ⅲ. ①汽车－车辆修
理 Ⅳ. ①U472.4

中国版本图书馆 CIP 数据核字（2018）第 176027 号

责任编辑：周　红　　　　　　　　　装帧设计：王晓宇
责任校对：王　静

出版发行：化学工业出版社（北京市东城区青年湖南街 13 号　邮政编码 100011）
印　　装：中煤（北京）印务有限公司
787mm×1092mm　1/16　印张 16¾　字数 362 千字　2019 年 1 月北京第 1 版第 1 次印刷

购书咨询：010-64518888　售后服务：010-64518899
网　　址：http://www.cip.com.cn
凡购买本书，如有缺损质量问题，本社销售中心负责调换。

定　　价：79.00 元

PREFACE

前 言

　　随着私家车社会保有量的增加，汽车维修服务前景广阔。汽车使用与维修技术人员尤其是初学汽车修理人员迫切需要深入了解车辆的结构特点和维修方法等汽车专业知识。

　　为了使广大初学汽车修理人员和使用人员全面系统地了解汽车的基础知识，增强维护修理、排除故障的实际能力，掌握汽车维修、检查与调整等方法，特编写此书。

　　本书采用高清图解形式并以通俗易懂的语言，围绕初学汽车修理人员和使用人员所关心的问题，对汽车的组成及基本工作原理、维修工具的使用、汽车的一般维护方法、机械与电控系统的维修、主要部件的检查与调整等方面的知识都进行了详细介绍，重点介绍了汽车维修常用工具设备和仪器，发动机、底盘等机修方面的知识，同时简单扼要地介绍了汽车电气、汽车空调的基础知识和基本检查方法。

　　本书排版精美，图片清晰，采用大量高清透视图、分解图展示汽车基本构造。本书可读性强，内容丰富，实用性强，既可作为初学汽车维修人员的入门指导，也可供广大汽车爱好者、驾驶人员以及大中专院校相关专业的师生阅读和参考。

　　为了更好地展示汽车基础知识，我们在微信公众账号上上传了汽车原理动画视频，读者在微信公众账号中搜索"凌凯汽车技术"并关注，在公众账号页面点击"汽车技术"，进入相应模块后，点击"相关视频"即可在线观看相关部分的动画视频。

　　本书由凌凯汽车技术组织编写，于海东主编，参加编写的还有邓家明、廖苏旦、罗文添、邓晓蓉、陈海波、刘青山、杨廷银、王世根、张捷辉、谭强、谭敦才、李杰、于梦莎、邓冬梅、廖锦胜、李颖欣、李娟、曾伟、黄峰、何伯中、李德峰、杨莉、李凡。

　　由于我们水平有限，书中难免有疏漏和不妥之处，敬请读者批评指正。

编者

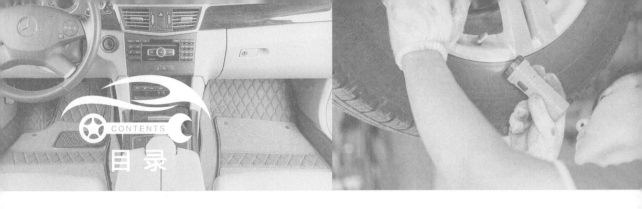

目 录

CONTENTS

第3章　发动机维修基础　　　048

第 4 章 传动系统维修基础 　　121

第 **1** 章

汽车构造及维修基础

CHAPTER 1

1.1 汽车构造

汽车通常由发动机、底盘、车身、电气设备等部分组成。典型乘用车总体构造如图1-1所示。

图 1-1　乘用车总体构造

发动机的功用是将进入气缸内的燃料燃烧从而发出动力。一般由曲柄连杆机构、配气机构、燃油供给系统、冷却系统、进气系统、润滑系统、点火系统（汽油机采用）、启动系统和排气系统组成，见图1-2。

底盘接收发动机的动力，使汽车产生运动，并保证汽车按照驾驶人的操纵正常行驶。底盘由下列部分组成，见图1-3。

传动系统——将发动机动力传给驱动车轮。传动系统一般包括离合器（手动变速器车型）、变速器（手动或自动）、传动轴、万向传动装置、主减速差速器（一般安装在变速器内部）、半轴等（图1-4）。

行驶系统——使汽车各总成及部件安装在适当位置，对全车起支撑作用和对路面起附着作用，缓和道路冲击和振动。它包括支承全车的承载式车身、副车架和前、后悬架及前、后轮等。行驶系统更详细的组成部件见图1-5。

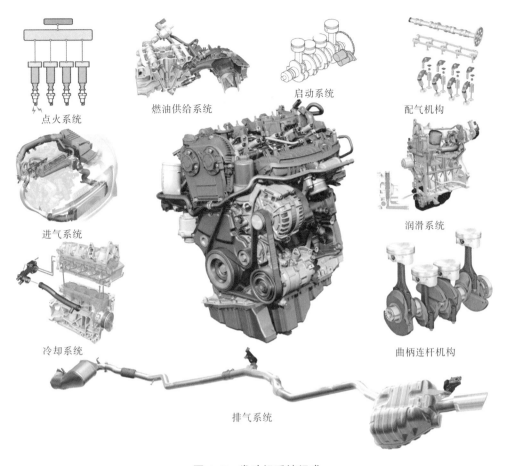

点火系统

燃油供给系统

启动系统

配气机构

进气系统

润滑系统

冷却系统

曲柄连杆机构

排气系统

图 1-2　发动机系统组成

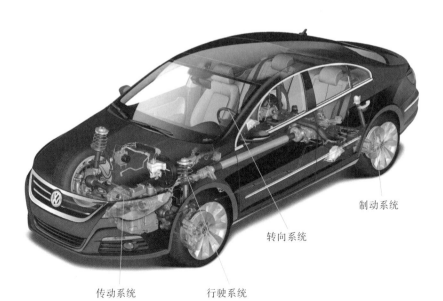

制动系统

转向系统

传动系统

行驶系统

图 1-3　底盘组成

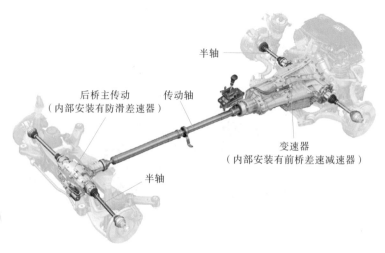

半轴

后桥主传动
（内部安装有防滑差速器）

传动轴

变速器
（内部安装有前桥差速减速器）

半轴

图1-4　典型的四轮驱动车型传动系统

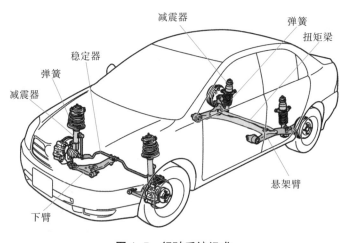

减震器

弹簧

扭矩梁

稳定器

弹簧

减震器

悬架臂

下臂

图1-5　行驶系统组成

转向系统——使汽车按驾驶人选定的方向行驶。它由转向操纵机构、转向器及转向传动机构组成，有的汽车还有转向助力装置（图1-6）。

制动系统——使汽车减速或停车，并能保证汽车可靠地驻停。它包括前、后轮制动器及制动传动装置。制动系统更详细的组成见图1-7。

车身是驾驶人的工作场所，也是搭载乘客或货物的部件。它包括车前板制件(俗称车头)、车身本体，还包括货车的驾驶室和货厢以及某些汽车上的专用作业设备（图1-8）。

电气系统主要有以下组成部分。

照明系统——汽车灯光与照明是车辆电气系统中最为常见的电器设备，也是车辆安全行驶的必备系统之一。主要由车外灯（前照灯、行车灯、驻车灯、制动灯、转向灯等）、

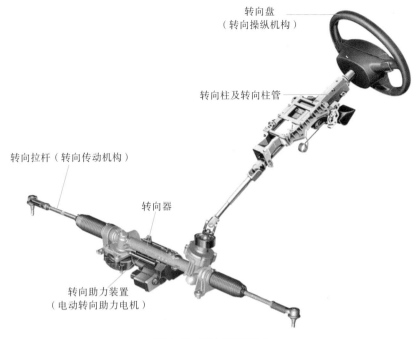

转向盘
（转向操纵机构）

转向柱及转向柱管

转向拉杆（转向传动机构）

转向器

转向助力装置
（电动转向助力电机）

图1-6　转向系统组成

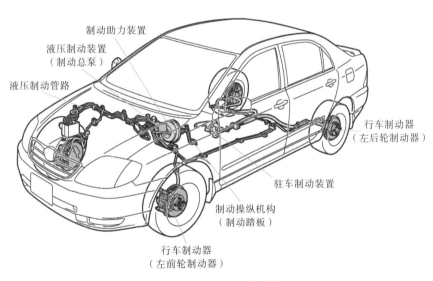

制动助力装置

液压制动装置
（制动总泵）

液压制动管路

行车制动器
（左后轮制动器）

驻车制动装置

制动操纵机构
（制动踏板）

行车制动器
（左前轮制动器）

图1-7　制动系统组成

车内灯（顶灯、仪表灯、门控灯以及后备厢灯等）组成。转向灯和前照灯见图1-9。

　　空调系统——空调系统把经过处理的空气以一定的方式送入车内，从而将车内的环境状况控制在一定范围内，以满足驾乘人员的舒适性需求，具体包括温度调节、除湿、通风（净化）等功能。空调系统的具体组成见图1-10。

图1-8　车身

图1-9　照明系统

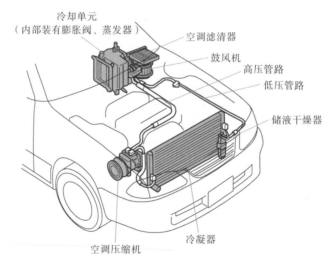

图1-10　空调系统组成

　　信息娱乐系统——一个电子系统，用于集中和运行大量功能（如导航、移动电话等）。信息娱乐系统主要功能有音响、车载电话、导航、灯光调节等。信息娱乐系统各扬声器的分布见图1-11。

中间扬声器　　　　中低音扬声器

重低音扬声器

高音扬声器

图 1-11　信息娱乐系统各扬声器的分布

其他设备——诸如防盗系统、巡航系统、雨刮系统、中央计算机系统，以及电动车窗、电动天窗、电动门锁、后窗除雾等。

中控、遥控门锁系统组成见图 1-12。

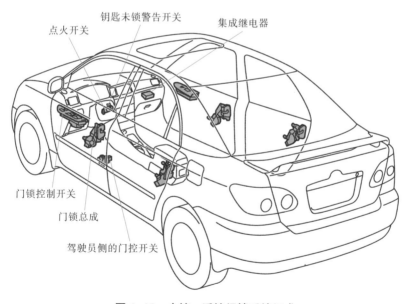

钥匙未锁警告开关　　　集成继电器

点火开关

门锁控制开关

门锁总成

驾驶员侧的门控开关

图 1-12　中控、遥控门锁系统组成

1.2 汽车维修基础

（1）汽车维修工应具备的基本素养

随着汽车技术的飞速发展，汽车已成为集多种高新技术于一体的机电一体化产物。这对汽车维修从业人员提出了更高的要求。当前汽车维修工应具备以下基本技能。

① 有一定的文化基础及逻辑思维能力　现代汽车上不光是机械系统，还包含更多的电子设备。维修工应具备一定的文化基础，掌握一定的电工电子基础、电磁、光电、材料等物理知识。这样才能更好地理解汽车电子控制系统工作原理，为从事日常维修工作打好基础。

对于发生故障的汽车，维修工应根据故障现象，联系到系统工作原理、可能导致故障产生的故障点，再根据以上判断进行筛查，最终找到故障点，排除故障。可见逻辑思维能力在汽车维修中至关重要。

② 熟练掌握汽车基本原理　作为汽车维修工应非常熟练准确地掌握汽车基本构造与原理，这是从事汽车维修的基本要求。原理及构造知识缺乏便无法根据故障现象进行故障判断，也就无法进行故障检修和排除。

③ 掌握一定的机械知识　这里是指维修工应掌握一些液压、气压、钳工、焊工等基础知识。汽车的制动系统、离合器传动系统中普遍存在液压，部分车辆还有气压，应掌握一定的液压和气压传动的基础知识。在汽车维修中有时会使用到钳工和焊接知识，掌握一定的钳工和焊工知识会对日常维修带来很多帮助。

④ 应具备一定的安全意识及吃苦耐劳的精神　汽车维修时会用到举升、吊装装置，汽车的部件或总成一般为钢铁结构，具有很大的重量。在维修时应严格按照维修手册中的操作规程，避免对自己或他人造成人身伤害。同时维修车间设置有高压气体、液压等装置，还应严格按照这些装置的安全使用规范进行操作。

因为汽车构造的特殊性，在维修时可能需要钻入车底，或长时间弯腰，长时间会造成手臂、腿脚酸痛等现象，所以维修工应具有良好的身体素质。

（2）汽车维修安全

① 基本安全　在日常维修中应按照表1-1所示注意基本安全事项。

表1-1　基本安全事项

项目	分类	细则
工作环境安全	车间安全	车间安全，是指在车间的工作过程中，防止发生人身伤亡和财产损失等事故，消除或控制危险及有害因素，保障人身安全与健康，保障财产免受损失，保障环境免遭破坏

项 目	分 类	细 则
工作环境安全	车间防火安全	预防火灾可以从火源预防、易燃物预防、环境预防三方面着手 火源预防：车间禁止吸烟，悬挂"禁止烟火""禁止吸烟"标志 易燃物预防：易燃零件摆放在特定区域；易燃零件按照规定流程进行处理；蓄电池充电作业必须远离火源；车辆燃油系统泄漏等存在引发火灾的安全隐患，必须排查 环境预防：维修车间必须注意通风，散热量大的设备附近禁止放置可燃物
	车间用电安全	严格遵循用电安全规范，学会触电急救流程
	车间警示标志	安全警示标志牌是由安全色、几何图形和图像符号构成的，用以表示禁止、警告、指令和提示等安全信息 根据国家规定，安全色为红、黄、蓝、绿四种颜色。红色表示禁止，黄色表示警告，蓝色表示指令，绿色表示提示
	车间车辆安全	在车间内驾驶车辆、举升车辆一定要严格遵守操作规范；在维修作业时应对车辆翼子板、前罩、车内座椅、转向盘、换挡杆、手扶箱等进行覆盖保护
车间人身安全	车间人员着装	应根据季节穿着规定的工作服、安全鞋，必要时佩戴安全帽、护目镜、手套等。在进行车辆维修时不可佩戴领带、戒指、手镯、手表或项链等装饰品，以防造成安全事故
	车间行为规范	维修人员不留长发，过长的头发可能会被卷入旋转的部件中；在车间内行走要尽量走在安全路线范围内；在操作设备前应严格检查设备安全，并严格遵循设备操作规范；两人协同工作时，相互提醒，保证安全
	车间防护设备	安全帽、护目镜、护耳罩、普通手套、隔热手套、绝缘手套、防腐蚀手套、防尘口罩、防毒面具等车间防护设备应经常检查、清洁，确保其具有可靠的安全性能
	车间危险工序安全	重物搬运、焊接操作、油箱拆卸、车辆冲洗、电工工具使用、气动工具使用等应严格按照操作要求进行
车间物料安全	车用油液	在维修作业过程中，应按规范处理车用油液，避免对人体或财物造成伤害 汽油：使用密封安全油桶盛放。谨防爆炸和火灾，确保燃油系统组件附近没有明火和火星，遵守禁烟规定 制冷剂：制冷剂受热会发出有毒气体（氟气和光气），会损害人的肺部；皮肤接触液态制冷剂可能导致严重冻伤 发动机机油：发动机机油对人体的皮肤和眼睛有刺激性，且会污染水源，所以对机油进行操作时应严格注意操作规范 冷却液：冷却液主要成分为乙二醇，高度易燃、可燃，受热时会释放蒸汽 制动液：含有聚乙二醇乙醚和聚乙二醇，对人的皮肤、眼睛会有轻微刺激
	密封材料	汽车上使用了很多胶黏密封材料，都是用各种化工材料制作而成，一般有刺激性，对人的皮肤或呼吸道有害，作业时要小心 工作中应注意保持清洁和整齐，例如在工作台上铺盖一次性纸张。应该尽可能用涂胶器进行涂胶，容器（包括辅助容器）应贴有恰当的标签
	汽车尾气	汽车的废气中包含有害的气体和颗粒物，如一氧化碳（CO）、碳氢化合物（HC）、氮氧化合物（NO_x）、二氧化硫（SO_2）和黑烟（PM） 因为汽车尾气对人体存在极大的危害，所以车间工作人员必须使用有效的手段减少它对人体的伤害 当需要启动车辆时，尽量使车辆处在通风良好的开放空间 运行发动机时，请务必使用尾气抽吸设备抽吸汽车尾气

项目	分类	细则
车间物料安全	SRS（安全气囊）组件	严禁将SRS组件拆解。SRS组件一经引爆，则不能再次使用。SRS组件内含有火药，有爆炸的危险。所以在对SRS组件进行操作与存储时，必须严格按照规范进行
	废弃用品	废旧电子元件：废旧电子元件含有铅、镉等重金属，对人的呼吸系统、消化系统、生殖系统等都会造成永久性伤害。如果将这些电子垃圾直接埋藏在土壤里或抛进河流中，将对土壤和地下水造成严重污染，直接危害到人们的健康。废旧电子元件应使用专用容器收集，并通过合法的回收机构回收处理 废旧电池：蓄电池包含对环境有害并危及健康的物质（铅和硫酸）。因此废旧蓄电池必须要回收，以免危险物质进入环境中。废旧电池不可与普通生活垃圾放在一起，应放置在专用的回收箱，并送往专门的回收站 废旧机油：有剧毒，人体皮肤长时间接触可导致皮肤癌；燃烧会产生有毒气体。废弃机油应存放在专用容器中，送到专业回收机构 废旧轮胎：废轮胎具有很强的抗热、抗机械和抗降解性，数十年都不会自然消除。不仅占用大量土地，而且容易滋生蚊虫、传染疾病，还容易引起火灾。废旧轮胎不可随意丢弃，不可燃烧 废旧制冷剂：冷媒对人体和大气均有害，因此，废旧冷媒必须回收，并做专业处理。不可直接排入大气中，使用回收机回收

② 汽车维修、维护作业时的注意事项

a. 必要时佩戴安全防护目镜，以保护眼睛。

b. 按操作步骤要求进入举升的车辆下进行工作时，应在车下使用安全支架。

c. 确保点火开关始终处于OFF位置，除非操作步骤另有要求。

d. 在车上工作时，应施加驻车制动。如果是自动变速器车辆，应将选挡杆置于P（驻车）挡，除非特定操作要求置于其他挡位。如果是手动变速器车辆，应将挡位置于倒挡（发动机关闭时）或空挡（发动机运转时），除非特定操作要求置于其他挡位。

e. 在进行发动机操作过程中，必须使用尾气抽排设备，以防一氧化碳中毒。

f. 在发动机运转时，身体部位及衣服应远离转动的部件，尤其是风扇和皮带。

g. 为防止严重烫伤，应避免接触高温金属部件，例如散热器、排气歧管、尾管、催化转换器和消声器。

h. 在维修、保养作业过程中严禁吸烟。

i. 为避免受伤，在开始工作前应摘掉戒指、手表、项链，脱去宽松的衣服。

j. 双手及其他物体不得接触风扇叶片。电动冷却扇随时会因发动机温度升高而运转。因此，必须确保电动冷却扇的电源完全断开后，才能在冷却风扇附近进行操作。

（3）汽车维修与保养

汽车维修是汽车维护和修理的泛称。就是对出现故障的汽车通过技术手段排查，找出故障原因，并采取一定措施使其排除故障并恢复达到一定的性能和安全标准。

汽车保养是指定期对车辆的相关部分进行清洁、紧固、润滑、调整或者更换的方法来维持其良好的工作性能。汽车自其投入使用开始，便工作在各种恶劣的条件下。随着车辆的使用时间和行驶里程增长，车上零部件会不断磨损、老化或腐蚀而使其性能降低。因此，需要对车辆进行定期保养。

可见汽车维修是指车辆出现故障后的修复，而汽车保养则是对故障的预防，防止车辆出现故障。那么什么是故障呢？

所谓故障，就是一种发生在组件、设备或者子系统级别上可能导致失效的异常状况或者缺陷。对故障的理解是设备在工作过程中，因某种原因"丧失规定的功能"或者危害安全的现象。

汽车维修即是故障的排除过程。

车辆需要进行有周期性的定期保养。定期保养的意义在于使车辆保持在最佳的安全性、动力性，延长车辆的使用寿命；及时发现存在的隐患，降低故障率。新车一般3000~5000km或购车之日起6个月进行首保，以后每隔半年或5000km再进行定期保养。每辆车的定期保养周期和需要进行检查更换的项目在车辆使用手册或保养手册中可以找到。

（4）汽车维修工分类

一般的大型汽车修理厂配有前台接待、配件管理、财务管理、保险理赔员、车间主任和维修工等。其中汽车维修工分为汽车修理工、汽车维修电工、汽车钣金工和汽车油漆工。

① 汽车修理工　汽车修理工是指使用工、夹、量具，以及仪器仪表、检测设备，进行汽车维护、修理和调试的人员。汽车修理工应熟悉钳工基础、汽车常用材料、机械识图、电工基本知识、液压基本知识，并掌握汽车构造、汽车电气设备与控制装置等专业知识。

② 汽车维修电工　汽车维修电工是指在汽车维修行业中，从事汽车电气方面的维修、保养、改装等方面工作的人员。一个熟练的汽车维修电工，必须具备汽车电气理论和电子知识，掌握汽车电气装置的结构原理，具有进行汽车电气、线路的故障判断和修理的能力。此外，计算机等高新技术在现代轿车上的应用对汽车维修电工提出了新的更高的要求。

③ 汽车钣金工　汽车钣金工主要负责车身钣金件的修复、车身防锈和打磨，为喷涂作业做好准备工作。

④ 汽车油漆工　汽车油漆工是从事汽车车身、车架、总成件涂漆工作的工种。

第 ② 章

工 具

CHAPTER 2

E-KLASSE

2.1 手动工具

手动工具是车间使用的工具，具有体积小、重量轻、便于携带和储存等特点。在本章节我们将对日常维修使用的部分手动工具进行介绍，这些手动工具包括扭力扳手、套筒扳手、梅花扳手、开口扳手、钳类工具和螺丝刀。

2.1.1 扭力扳手

（1）扭力扳手的分类

扭矩是评定车辆装配效果的重要指标。为保证汽车在维修和保养过程中部件的装配质量，各汽车公司均对重要部件的螺栓连接扭矩有相应的标准和规定。

车辆维修过程中常用的扭力扳手有以下几类（表2-1）。

① 数显式扭矩扳手。

② 斜角规。

③ 机械音响报警式扭矩扳手。

④ 指针式（表盘式）扭矩扳手。

⑤ 打滑式扭矩扳手（自滑转式）。

表2-1　扭力扳手的分类与使用方法

分　类	详　述
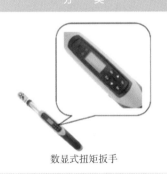 数显式扭矩扳手	① 具有预设扭矩数值和声响装置功能。当紧固件的拧紧扭矩达到预设数值时，能自动发出信号，同时伴有明显的手感振动，提示已达到预设扭矩。解除作用力后，扳手各相关零件能自动复位 ② 可切换两种方向。适合于精度要求较高紧固件的紧固具有结构简单、性能稳定、在读数表上显示扭矩值、使用方便等特点
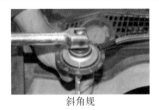 斜角规	使用专用的斜角规进行角度紧固

分　类	详　述
 机械音响报警式扭矩扳手	机械音响报警式扭矩扳手，采用杠杆原理，当扭矩到达设定扭矩时会出现"咔嗒"类似机械相碰的声音，此后扭矩扳手会成为一个普通扳手，如再用力，会出现扭力过度现象 使用方法： ① 旋转图中旋钮A可以改变杠杆B的有效力臂 ② 当杠杆B的有效力臂变短时，扭矩扳手的设定扭矩就相应增大 ③ 相反地，当杠杆B的有效力臂变长时，扭矩扳手的设定扭矩就相应减小 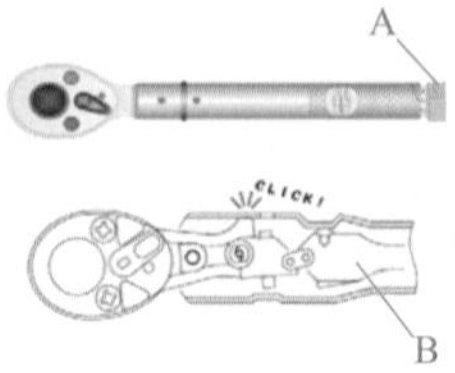
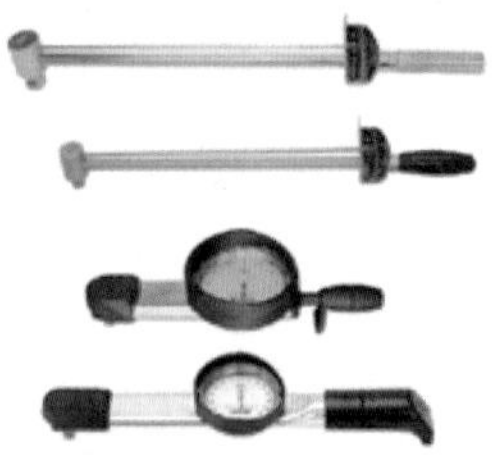 指针式（表盘式）扭矩扳手	结构简单、性能稳定、价格低廉，在使用过程中可以实时显示当前扭矩
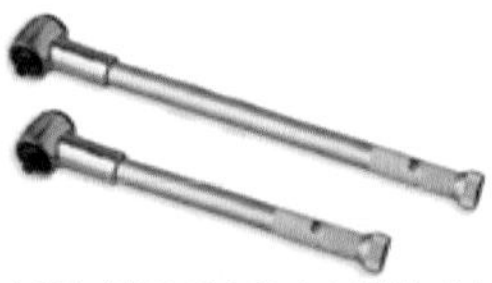 打滑式扭矩扳手（自滑转式）	① 适合高精度、高重复度的螺栓紧固 ② 自动卸力模式，有效预防扭矩过度现象

（2）扭矩扳手的使用规范

扭矩扳手的使用规范如表2-2所示。

表2-2　扭矩扳手的使用规范

分　类	使用方法
扭矩扳手使用前注意事项	① 所使用的扭矩扳手是否经过校验并检验合格 ② 扭矩扳手是否在检验的有效期之内 ③ 扭矩扳手目前是否发生突变或有损坏 ④ 确认被紧固螺栓的标准扭矩是否在扭矩扳手的量程范围内 ⑤ 选择并准备与扭矩扳手配套使用的套筒扳手及连接杆等附件

续表

分类	使用方法
扭矩扳手的操作方法	① 施加扭矩时，手应放在手柄的中间刻度线上 ② 施加扭矩时，应平缓施力，不能使用冲击力 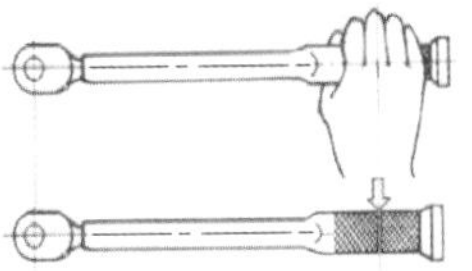 ③ 施力方向应与扭矩扳手指示方向一致，加力角度在水平和垂直方向都要小于 ± 15° 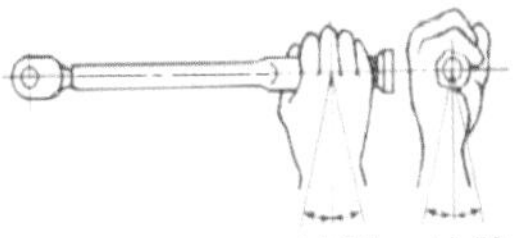 ④ 使用开口型扭矩扳手时，螺栓应放在开口处的底部，开口尺寸与螺母尺寸互相配合 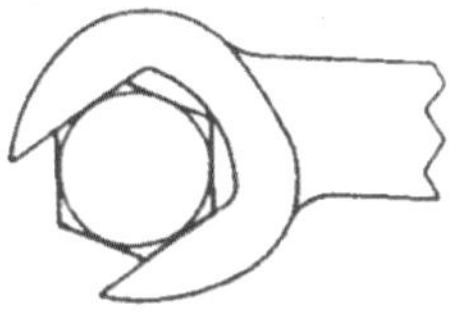
扭矩扳手操作时的注意事项	① 任何时候不能扔掷扭矩扳手 ② 扭矩扳手除用于施加扭矩外，不能用于其他操作 ③ 尽量避免油污、油漆沾到扭矩扳手上 ④ 严格按时校验扭矩扳手 ⑤ 严格按照扭矩扳手的设定值使用扭矩扳手 ⑥ 严禁擅自改变扭矩扳手的结构

2.1.2 套筒扳手

套筒扳手的分类和使用方法如表2-3所示。

表2-3　套筒扳手的分类和使用方法

分类		详述
分类和特征	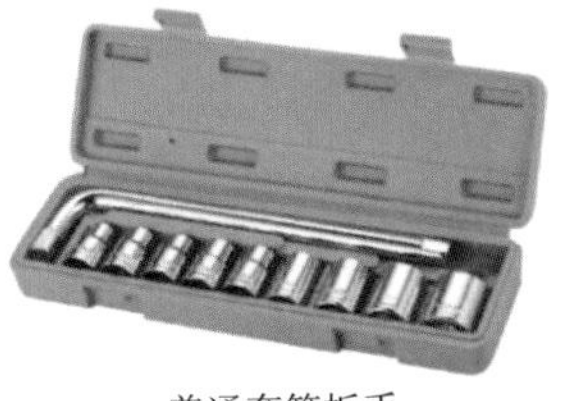 普通套筒扳手	为满足日常工作的需要，套筒扳手一般由不同尺寸、不同规格的套筒组成一个完整的套装

分　类	详　述
分类和特征  气动套筒扳手	专用的气动套筒经过特殊处理，其强度较其他套筒扳手更强，能够满足气动工具在冲击力作用下正常使用。为了与普通套筒相区分，气动套筒一般被加工成黑色，在使用中请注意
  火花塞套筒扳手	在套筒扳手中，有专门为拆装汽油发动机火花塞所设计的专用套筒，从外观看，套筒的尾部是六角，这有别于其他套筒。火花塞套筒主要有16mm和21mm两种类型
使用方法 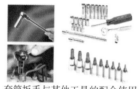 套筒扳手与其他工具的配合使用	在工作中，套筒扳手通常与棘轮扳手、旋转手柄等工具配合使用
 套筒扳手的使用	① 套筒扳手在使用时套筒与被紧固或松动的螺栓或螺母结合稳固后，再加力旋转 ② 旋转过程中，双手要互相配合，保证套筒扳手旋转时的结合稳固 ③ 使用时，要缓慢加力，避免使用冲击力
 在狭小空间套筒扳手的使用	在狭小空间工作时，套筒扳手要选用与之配套的附件组合使用，以防止工具与工件发生干涉

2.1.3　梅花扳手

梅花扳手的分类和使用方法如表2-4所示。

表2-4　梅花扳手的分类和使用方法

分　　类		详　　述
分类与特征		与普通扳手不同，梅花扳手能以抱住螺栓或螺母六角面的形式转动，柄部也较长，因而能施以更大的扭矩，使用便利 梅花扳手组中包括8×10、10×12、12×14、14×17、16×18、17×19、19×22、22×24八个扳手 梅花扳手还有其他规格，如：24×27、27×30、30×32、32×34、32×36、34×36、36×38、36×41、38×41、41×46、46×50、50×55、55×60、60×65、65×70、70×75等
使用方法		梅花扳手有各种大小，使用时要选择与螺栓或螺母大小对应的扳手
		① 梅花扳手钳口是双六角形的，可以在一个有限空间内方便地装配螺栓或螺母 ② 由于螺栓或螺母的六角形表面被梅花扳手头部包住，因此没有损坏螺栓角的危险，并可施加大扭矩 ③ 由于梅花扳手的手柄是有角度的，因此可用于在凹进空间里或在平面上旋转螺栓或螺母

2.1.4 开口扳手

开口扳手的分类和使用方法如表2-5所示。

表2-5　开口扳手的分类和使用方法

分　　类		详　　述
分类与特征		开口扳手的用途与梅花扳手类似，因其钳口结构为开放式，所以较之梅花扳手在使用时更方便，但所能承受的扭矩小于梅花扳手 开口扳手的规格与梅花扳手相同，可参考梅花扳手
使用方法		开口扳手在使用时，被紧固的螺栓或螺母的尺寸要与选用扳手的尺寸相同
		开口扳手的开口中心平面和本体中心平面成15°角，这样既适应人手的操作方向，又可降低对操作空间的要求 可以根据螺栓的旋转角度，灵活调整开口扳手的正反面，以更加方便地拧动螺栓或螺母

2.1.5 其他扳手及扳手附件

其他扳手及扳手附件如表2-6所示。

表2-6 其他扳手及扳手附件

项 目	图 示	详 述
棘轮扳手		棘轮扳手可以提高工作效率，拧动螺栓或螺母时可以不需要重复松开套筒，可以单向转动
棘轮扳手的结构	 1—拧松位置；2—拧紧位置；A—锁钮	棘轮扳手的内部是一个单向棘轮，可以单向空转。受力方向棘轮不能转动，所以作为拧动螺栓使用，反向空转不受力，以快速回转扳手手柄 棘轮扳手的锁钮可以往左或往右改变扳手的单向受力方向，以设置拧松或拧紧功能
棘轮扳手的使用		棘轮扳手与套筒扳手配合使用 棘轮扳手不能超过扭矩使用，如超过所承受的扭矩范围，会导致其损坏，应使用扭矩扳手
万向节		万向节可以配合套筒扳手使用，它可以改变旋转角度，满足一些特殊空间的使用需求
万向节的使用		万向节的方形套头部分可以前后或左右移动，手柄和套筒扳手之间的角度可以自由变化，使其成为在有限空间内工作的有利工具
加长杆		在日常工作中，加长杆与套筒扳手、棘轮扳手、活动扳手、铰链扳手配合使用，在特殊空间也会与万向节等配合使用 为适应不同的工作空间，加长杆有不同规格

项　目	图　示	详　述
加长杆的使用		加长杆可以用于拆装较深而不易接触的螺栓或螺母，也可用于将工具抬离平面一定的高度，便于使用，且可以保护手部不受伤害 加长杆有不同的长度，以满足不同需求。加长杆也有粗细的区别，以配合套筒以及棘轮扳手的大小
活动扳手		活动扳手适用于尺寸不规则的螺栓或螺母，旋转活动扳手的调节螺丝可以改变口径，所以活动扳手可用来代替多个开口扳手 使用时通过转动活动扳手的调节螺杆调节活动扳手直至与螺栓或螺母完全嵌合。活动扳手不能用于施加大扭矩
活动扳手的使用	 A—正确旋转方向；B—支撑面；C—调整面	使用活动扳手时应把支撑面作为着力点，调整面作为辅助面，避免损坏扳手或伤人
铰链套筒扳手		铰链扳手的使用类似于棘轮扳手，也是配合套筒扳手使用的手柄工具，不同之处在于铰链扳手不能够反向空转
		为了提高维修效率，旋转手柄工具还包括旋转手柄扳手形式的手动工具

2.1.6　扳手的选择

扳手的选择如表2-7所示。

表2-7　扳手的选择

选择原则	图示与详述	
按扭矩要求 选择扳手	$L_1 < L_2 < L_3$ L_1　L_2　L_3	从扭矩的定义可以看出，扭矩为施加的力与力臂的乘积，也就是说，当力一定时，力臂越大，扭矩越大。在扳手的使用过程中，扳手的力臂越大，所能承受的扭矩也越大 如左图所示，从左至右，三个扳手的力臂逐渐增大，也就是说，三个扳手在紧固过程中，承受的扭矩从左至右，逐渐增大
		扳手按照扭矩进行选择，首选是套筒扳手①，其次是梅花扳手②，最后选用的是开口扳手③
按操作空间 选择扳手	在工作中，汽车的构造较为复杂，给维修作业预留的操作空间有时比较狭小，所以我们在选择扳手的时候，也要同时考虑到操作空间的要求，具体如下 套筒扳手仍然作为首选扳手工具 当操作空间不允许使用套筒扳手的前提下，选用梅花扳手 在扳手旋转空间较小的工作环境，选用开口扳手	

第2章

2.1.7 钳类工具的分类与使用方法

钳类工具的分类与使用方法如表2-8所示。

表2-8　钳类工具的分类与使用方法

项　目	图　示	详　述
钳类工具分类		尖嘴钳别名：修口钳、尖头钳 它是由尖头、刀口和钳柄组成
		左图所示为鲤鱼钳
		斜口钳又称为偏口钳，是日常工作中常用的手动钳类工具

项　目	图　示	详　述
钳类工具的使用		尖嘴钳主要用来剪切线径较细的单股与多股线，剥塑料绝缘层等，能在较狭小的工作空间操作 注意：切割导线或金属丝时被切割物直径不超过5mm
		鲤鱼钳可用于夹东西。改变鲤鱼钳支点上孔的位置，可以调节钳口打开的程度，以便于夹东西 鲤鱼钳也可在其颈部剪切细导线
		由于斜口钳的刀片尖部为圆形，所以可用于切割细线，或者用于将所需的电线从线束中切下
钳类工具使用注意事项	1—变形后状态；2—原始状态	在使用尖嘴钳时，切勿对钳子头部施加过大的压力，否则将导致钳子头部成V字形变形，使其不能再用于做精密工作
		不能用于切割硬的或粗的导线，这样做会损坏刀片
		在用钳子夹紧前，须用防护布或其他防护罩遮盖易损坏件

第2章

2.1.8 螺丝刀的分类和使用方法

螺丝刀的分类与使用方法如表2-9所示。

表2-9 螺丝刀的分类与使用方法

项 目	图 示	详 述
按照螺丝刀头形状	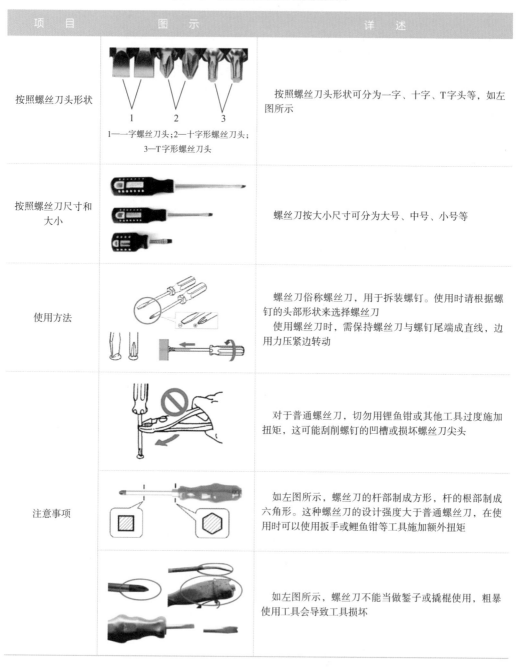 1——字螺丝刀头；2—十字形螺丝刀头；3—T字形螺丝刀头	按照螺丝刀头形状可分为一字、十字、T字头等，如左图所示
按照螺丝刀尺寸和大小		螺丝刀按大小尺寸可分为大号、中号、小号等
使用方法		螺丝刀俗称螺丝刀，用于拆装螺钉。使用时请根据螺钉的头部形状来选择螺丝刀 使用螺丝刀时，需保持螺丝刀与螺钉尾端成直线，边用力压紧边转动
注意事项		对于普通螺丝刀，切勿用锂鱼钳或其他工具过度施加扭矩，这可能刮削螺钉的凹槽或损坏螺丝刀尖头
		如左图所示，螺丝刀的杆部制成方形，杆的根部制成六角形。这种螺丝刀的设计强度大于普通螺丝刀，在使用时可以使用扳手或鲤鱼钳等工具施加额外扭矩
		如左图所示，螺丝刀不能当做錾子或撬棍使用，粗暴使用工具会导致工具损坏

2.2 气动工具

2.2.1 气动工具的分类

气动工具具有使用稳定、安全，能够获得加大扭矩、使用环境广泛等优点，所以在工作中广泛使用。

日常工作中常见的气动工具按用途分类，可分为如下几种（表2-10）：

① 剪切类气动工具包括气动剪刀、气动铲等。

② 装配类气动工具包括气动扳手、气动棘轮等。

③ 磨砂加工类工具包括气动砂轮、气动抛光机等。

表2-10　气动工具分类

分　类	详　述
剪切类气动工具	气动剪刀用于薄金属板的切断，通常用于钣金维修作业
	气动铲用于分离金属焊接连接件，通常用于钣金维修作业
装配类气动工具	无论是钣金维修或是机电维修，气动扳手都是维修作业中使用的气动工具
	功能上与气动扳手相同，不同之处在于承载的扭矩较气动扳手要小，但因其体积小、重量轻、使用方便等特点，在日常工作中得到广泛使用

分　类	详　述
磨砂加工类工具	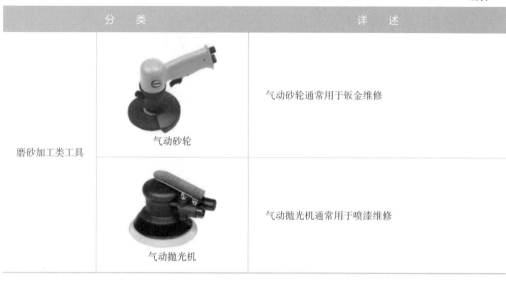 气动砂轮 气动砂轮通常用于钣金维修
	气动抛光机通常用于喷漆维修

气动抛光机

2.2.2　气动工具的使用注意事项

在日常维修工作中，气动工具广泛被使用。针对气动工具的使用，本节将以气动扳手为例对气动工具的使用注意事项进行说明。

1. 对操作者的要求

气动工具的运转速度快，承载扭矩大，在操作中存在一定的危险性，所以在工作中要树立操作者的安全意识和规范操作意识（图2-1）。

① 使用气动工具之前，首先要详读操作说明，以确保使用安全。

② 操作气动工具时，应穿戴好劳动保护装置（防护眼镜或防护面罩等）及工作服。

③ 严禁佩戴首饰或穿着肥大的衣服进行操作。

④ 操作中应保持身体在平衡的位置及安全的立足点。

图 2-1　操作者的要求

2. 对工具与设备的要求

对于维修中使用的工具设备而言，保证工具使用时的良好状态，不但有利于提高工作效率，更能有效减少或杜绝安全事故的发生。

（1）高压空气的要求（图2-2）

① 气压是否正常，高压空气应保持在686kPa（7kgf/cm^2）。

② 检查油水分离器、干燥器等气源部件工作是否正常。

（2）高压管路的要求（图2-3）

① 高压空气管质量、管子缠绕情况、接头密封情况应良好。

② 气管快速接头应保持完好，无磨损，杜绝漏气。

③ 气管接头应保持离开地面，避免焊渣、灰尘进入工具内部。

④ 严禁将高压空气出气口对准自己或他人。

图2-2　高压空气的要求

图2-3　高压管路的要求

（3）气动工具的要求（图2-4）

① 气动扳手使用专用的套筒工具，即冲击型套筒（图2-4所示为气动扳手和冲击型套筒）。不能在气动扳手上使用手动工具的套筒。

② 定期检查套筒等附件有无损坏，有磨损的套筒会使功率降低、强度下降，增加安全隐患，应予以更换。

③ 更换套筒前，工具与气源必须断开，防止误操作，使气动工具开动，造成危险。

图2-4　气动工具和冲击型套筒

2.3 电动工具

电动工具作为车间日常维修工作中常见的工具，因其具有体积小、重量轻、方便携带、工作效率高、能耗低、使用环境广泛等优点，在工作中广泛使用。

2.3.1 电动工具的分类

在日常工作中电动工具广泛使用，电动工具按用途分，主要分为金属切削类电动工具（电钻）、装配类电动工具（电动扳手）、研磨类电动工具（电动角磨机）等，如表2-11所示。

表2-11 电动工具的分类与作用

分　类		详　述
金属切削类电动工具	电钻	电钻的用途是对金属材料进行钻削加工
装配类电动工具	电动扳手（外接电源式）	在对总成部件进行拆装过程中，有大量的相同尺寸的螺栓或螺母，使用电动扳手能够提高工作效率，降低劳动强度
	电动扳手（自带电源式）	与外接电源式电动扳手的特点和用途相同，自带电源式电动扳手携带更为方便，使用更加便捷，因而得到广泛使用
研磨类电动工具	电动角磨机	电动角磨机在钣金维修工作中经常使用，主要用途是对金属棱角位置进行磨削处理，故取名为角磨机

2.3.2 电动工具的使用注意事项

（1）对环境的要求（图2-5）

① 保持工作场所清洁，切勿在杂乱、阴暗或潮湿的工作场所及工作台面上使用电动工具。

② 电动工具不可淋雨。

③ 不可在可燃气存在之处使用电动工具。

（2）对操作者的要求（图2-6）

① 使用电动工具应注意着装，应穿着安全得体的工作服。

② 使用护目镜，碎屑多且有扬尘时，应戴口罩，并始终戴着护目镜。

图2-5　环境的清洁

图2-6　操作者的要求

（3）电动工具使用注意事项（图2-7）

① 根据用途选用恰当的电动工具。

② 电动工具的电源线不得任意接长或更换。

③ 在使用电动工具之前须仔细检查工具的护盖或其他部分是否有损坏情况。

④ 工作时须保持头脑清醒。

⑤ 使用夹钳固定要切削的工件。

⑥ 防止意外启动，将插头插入电源插座以前，须检查电动工具的开关是否关着。

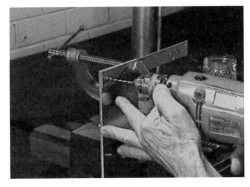

图2-7　电动工具的要求

2.3.3 电动工具的维护与保养

电动工具的维护与保养如图2-8所示。

图2-8　电动工具的维护与保养

① 电动工具不能过载。在额定转速下根据作业要求选择合适的电动工具。

② 开关损坏的电动工具不能使用。一切不能用开关控制的电动工具都是危险的并且必须维修。

③ 电动工具调整、更换配件或储存前，应将插头从插座拔出。

④ 请将不使用的电动工具放在儿童不能接触到的地方。

⑤ 经过培训的操作者方可使用电动工具。

⑥ 定期检查电动工具是否有错误的调整、运动部件的卡滞、零部件的破损以及其他一切可能影响电动工具正常工作的情况。

2.4 测量工具

测量工具简称量具，是汽车维修工作中必不可少的工具。在本节将就车间使用的简单量具进行介绍，这些量具是游标卡尺、直尺、卷尺、冰点测试仪。

2.4.1 游标卡尺

（1）游标卡尺的作用

游标卡尺通常用来测量精度较高的工件。它可以测量零件的内外直径、长度、宽度和深度等尺寸，如图2-9所示。

（2）游标卡尺的结构

游标卡尺由内径测量爪、紧固螺钉、深度尺、外径测量爪、游标尺和主尺6个部分组成，如图2-10所示。

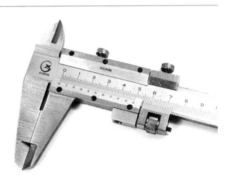

图2-9 游标卡尺

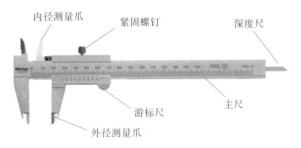

图2-10 游标卡尺的结构

通常游标卡尺有3种精度分类，分别为：

10分度游标卡尺，其精度为0.1mm；

20分度游标卡尺，其精度为0.05mm；

50分度游标卡尺，其精度为0.02mm。

例如，50分度的游标卡尺，其游标尺总长49mm，并等分50份，每份长度为0.98mm，与主尺最小刻度相差0.02mm，称这种卡尺的精度为0.02mm。

（3）游标卡尺的测量方法

在使用游标卡尺测量时，一般分成以下5步（图2-11）。

擦净，即使用前应对游标卡尺进行清洁。

并拢，即将外径测量爪靠近被测零件外径处。

对齐，即并拢的测量爪与被测零件外径处应保证水平方向对齐。

相贴，即测量爪与被测零件外径处紧紧相贴。

读数，即读取游标卡尺的测量数据，下面具体介绍。

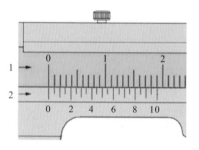

图2-11　游标卡尺的测量方法

（4）游标卡尺的读数方法

① 游标卡尺的原理　下面我们以20分度为例，介绍游标卡尺的读数原理。

如图2-12所示，我们可以看到：

主尺的每一个刻度为1mm；

游标尺总长19mm，共有20个刻度，等分19mm，称为20分度；

游标尺每一刻度都比主尺每一刻度短0.05mm，称该卡尺的精度为0.05mm；

游标尺的"0"刻度与主尺"0"刻度相对齐，此时测量的结果为0；

如果游标尺向右移动至0线后第一个刻度与主尺0线后第一个刻度对齐，此时测量的结果为1个0.05mm，即0.05mm；

同理，如果游标尺向右移动至0线后第二个刻度与主尺0线后第二个刻度对齐，此时测量的结果为2个0.05mm，即0.1mm。

注：10分度的游标卡尺的精度为0.1mm；50分度的游标卡尺的精度为0.02mm。

② 游标卡尺的读数方法　根据读数原理，我们举例说明读数方法。

如图2-13所示，读取主尺上位于游标尺0线前面的整刻线数，图中为45mm；读取游标尺上与主尺刻线重合的或最近的0.05mm刻度线数，图中为游标尺第5条刻度线与主尺刻度线重合；计算读数结果，结果＝主尺读数＋游标尺重合线位数×精度＝45mm+5×0.05mm=45.25mm。

（5）游标卡尺使用注意事项

① 游标卡尺是比较精密的测量工具，要轻拿轻放，不得碰撞或跌落地下。使用时不要用来测量粗糙的物体，以免损坏量爪，不用时应置于干燥地方，防止锈蚀。

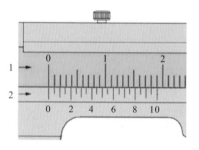

图2-12　游标卡尺的原理
1—主尺；2—游标尺

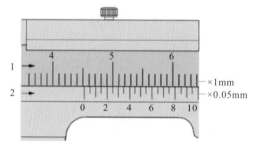

图2-13　游标卡尺的读法
1—主尺；2—游标尺

② 测量工件时，卡脚测量面必须与工件的表面平行或垂直，不得歪斜。且用力不能过大，以免卡脚变形或磨损，影响测量精度。

③ 读数时，视线应与尺面垂直。如需固定读数，可用紧固螺钉将游标固定在尺身上，防止滑动。

④ 测量内径尺寸时，应轻轻摆动，以便找出最大值。

⑤ 游标卡尺用完后，仔细擦净，抹上防护油，平放在盒内，以防生锈或弯曲。

2.4.2 直 尺

直尺是测量长度的工具，其最小刻度单位是mm。

（1）直尺的作用

直尺是最基本的测量工具，是用薄钢板制成的，它一般用于精度要求不高的测量，可以直接测量出工件的尺寸。

（2）直尺的使用方法

在这里我们以使用直尺测量气缸盖来介绍直尺的使用方法（图2-14）。

① 使用钢直尺时，要以端边的"0"刻线作为测量基准。这样，在测量时不仅容易找到测量基准，而且便于读数和计数。

② 测量时，钢直尺要放平、放正，刻度面朝上、朝外，不得前后、左右歪斜，否则，从尺上读得的数比被测得实际尺寸大。

③ 读数时，视线必须与尺面相垂直，以免读数产生误差。

④ 被测平面要平，否则测出的数不是被测件的实际尺寸。

（3）直尺使用的注意事项（图2-15）

① 使用钢直尺前，应先检查钢直尺各部位有无损伤，不允许有影响使用性能的外观缺陷，例如碰弯、划痕、刻度断线或看不清刻度线等。

② 有悬挂孔的钢直尺，使用后必须用干净的棉丝擦干净，然后悬挂起来，使其自然下垂。如果没有悬挂孔，则将钢直尺擦净后平放在平板、平台或平尺上，防止其受压变形。

③ 如果较长时间不用，则应将钢直尺涂上防锈油，存放地点应选择温度低、湿度低

图 2-14　直尺的使用方法（测量气缸盖）

图 2-15　直尺使用的注意事项

的地点。

用钢直尺测量圆柱形的圆形截面直径时，钢直尺的端边要与被测面的边缘相切，然后左右摆动钢直尺，找出最大尺寸，即为所测圆形直径尺寸。

2.4.3 卷 尺

卷尺与直尺的功能基本相同，都是测量长度的工具，如图2-16所示。

（1）卷尺的作用

卷尺的优点在于长度长、体积小、便于携带。

① 钢卷尺由一条薄的富有弹性的钢带制成，其整条钢带上刻有长度标志。

② 钢卷尺通常用来测量长度超过1m的零部件。

（2）卷尺的使用方法

使用卷尺应以"0"点端为测量基准，这样便于读数；当以非"0"点端为基准测量物品时，要特别注意起始端的数字，不然在读数时易读错（图2-17）。

图2-16 卷尺

图2-17 卷尺的使用

（3）卷尺使用注意事项

① 检查卷尺的各个部位，拉出和收入卷尺时，应轻便、灵活、无卡住现象。

② 制动时，卷尺的按钮装置应能有效地控制尺带收卷，不得有阻滞失灵现象。

③ 尺带表面不得有锈迹和明显的斑点、划痕，线纹应十分清晰。尺带只能卷、不能折。

④ 使用卷尺时，拉出尺带不得用力过猛，而应徐徐拉出，用完后也应让它徐徐退回。

⑤ 对卷尺制动时，应先按下制动按钮，然后徐徐拉出尺带，用完后按下制动按钮，尺带自动收卷。

⑥ 尺带自动收卷时，应防止尺带伤人。

2.4.4 冰点检测仪

在汽车维修中要经常检测如蓄电池电解液密度、冷却液及喷洗液冰点等，可通过冰点测试仪进行检测。

（1）冰点测试仪的作用

冰点测试仪是一个标准的密度计，以蓄电池电解液为例，测量的结果是电解液中水和硫酸的比例，通过测试结果可以及时分析蓄电池的状况。见图2-18。

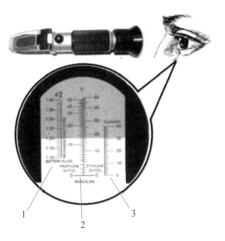

图2-18　冰点测试仪的作用
1—蓄电池电解液密度值；2—防冻液冰点值；3—挡风玻璃清洗液冰点值

冰点测试仪能够检测的项目有：蓄电池电解液的密度；防冻液的冰点；挡风玻璃清洗液的冰点。

（2）冰点测试仪的使用方法

冰点测试仪的使用方法如表2-12所示。

（3）冰点测试仪使用注意事项

①注意不要将电解液等液体滴在身上、衣服上等地方，因为电解液为稀硫酸溶液，有很强的腐蚀性。

②密度计使用完毕后必须清洁干净，保存于干净的容器内。

③清洁密度计使用的纸巾、棉纱等不可再用作其他物品的清洁，要及时处理掉。

表2-12　冰点测试仪的使用方法

步　骤	图　片
1. 测量防冻液冰点时，取少许防冻液涂于密度计观测口上	
2. 用眼睛直接观测冰点测试仪，在观测口中将显示防冻液冰点	
3. 观测口中有明显的蓝白分界线，上部为蓝色，下部为白色，分界线对应的刻度即为测量的结果。如右图所示，防冻液的冰点为-14℃	

2.5 轮胎拆装调整工具

2.5.1 扒胎机的结构与使用规范

（1）扒胎机的结构

扒胎机的结构如图2-19所示。

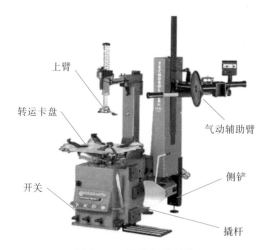

上臂

转运卡盘

气动辅助臂

侧铲

开关

撬杆

图2-19 扒胎机的结构

（2）拆卸轮胎的步骤

① 使用轮胎气门芯工具放掉轮胎气压（图2-20）。

② 使用轮胎拆装机的侧铲，压开轮胎侧壁（图2-21）。

注意 受压位置应尽可能地避开气门嘴。

图2-20 放掉轮胎气压

图2-21 压开轮胎侧壁

③ 将车轮放置在轮胎拆装机上，操作轮胎拆装机卡紧车轮（图2-22）。

④ 使用轮胎拆装机上臂压下轮胎胎面（图2-23）。

 注意　上臂头与轮辋之间的距离应合适，避免划伤轮辋。

图 2-22　卡紧车轮

图 2-23　压下轮胎胎面

⑤ 使用撬杆撬起轮胎壁，并将轮胎壁保持在轮胎拆装机上臂的上面（图2-24）。

⑥ 在使用轮胎拆装机压下胎壁的同时旋转轮胎，拆下轮胎的上半部分（图2-25）。

图 2-24　撬起轮胎壁

图 2-25　拆下轮胎上半部分

⑦ 使用撬杆撬起轮胎的下侧胎壁（图2-26）。

⑧ 旋转轮胎拆装机拆下轮胎（图2-27）。

图 2-26　撬起轮胎下侧胎壁

图 2-27　拆下轮胎

（3）将轮胎安装到轮辋上的步骤

① 安装轮胎时要先判断轮胎的内外侧与滚动方向。如果没有内外侧与滚动方向，生产日期应该放在外侧。

② 安装前先要对安装的轮胎内侧进行润滑（图2-28）。

③ 将轮胎放在轮胎拆装机上（图2-29）。

图2-28　润滑轮胎内侧　　　　　　图2-29　将轮胎放在拆装机上

④ 借助轮胎拆装机压下轮胎侧壁，然后慢慢旋转轮胎拆装机，安装轮胎下部进入轮辋（图2-30）。

⑤ 使用轮胎拆装机辅助支臂和撬杆压下轮胎上部侧壁，慢慢地旋转轮胎拆装机，使轮胎上部装入轮辋（图2-31）。

图2-30　安装轮胎下部　　　　　　图2-31　轮胎上部装入轮辋

2.5.2 轮胎动平衡机

轮胎在正常运转过程中，其动平衡影响车辆行驶的安全性与舒适性，所以对轮胎定期进行动平衡检测是必要的。在对车轮的动平衡进行检测时，通常使用轮胎动平衡机。

（1）轮胎动平衡机的结构及动平衡前的准备

轮胎动平衡机的主要组成部分如图2-32所示。

图 2-32　轮胎动平衡机的结构

轮胎动平衡前的准备如下。

① 将轮胎装在动平衡机上，并用轮胎装卡设备卡住（图2-33）。

② 使用测量尺测量轮辋到平衡机的距离并记录（图2-34）。

图 2-33　安装轮胎

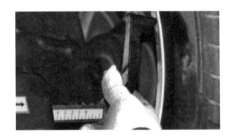

图 2-34　测量轮辋到平衡机的距离

③ 使用轮辋宽度测量尺测量轮辋宽度，并记录（图2-35）。

④ 拆卸平衡铅块（图2-36）。

图 2-35　测量轮辋宽度

图 2-36　拆卸平衡铅块

（2）轮胎动平衡机的使用规范

① 将轮胎压力调整到合适的气压。

② 去除轮辋上的铅块，将轮胎花纹沟里的石子剔除干净，将轮辋处理干净（图2-37）。

③ 将轮胎安装面朝内，装入平衡轴。

图 2-37　处理干净轮辋

图 2-38　锁紧轮胎

④ 选择合适的锥体，用锁紧装置将轮胎锁紧。锥体一定要对准中心孔，否则可能数据不准（图2-38）。

⑤ 打开平衡机电源，拉出尺子测量轮辋与平衡机的距离（图2-39）。

⑥ 测量轮辋带宽和轮辋直径（图2-40）。

图 2-39　测量轮辋与平衡机距离

图 2-40　测量轮辋尺寸

⑦ 依次输入刚才的测量数据（图2-41）。

⑧ 按下开始按键，平衡机开始带动轮胎旋转（图2-42）。

图 2-41　输入测量数据

图 2-42　平衡机开始测量

测量开始，注意不要站在轮胎附近以免发生危险。

⑨ 平衡机测出数据后自动停止，将轮胎旋转至平衡机一侧，位置灯全亮（不同机型显示方式不同），如图2-43所示。

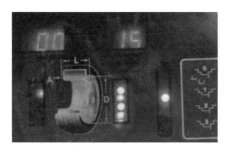

图 2-43 测量完毕

图 2-44 同样方法测另一边

⑩ 在全亮这一侧的轮辋最高点（12 点钟位置），敲入相应克数的铅块。

⑪ 在另一侧，用同样的方法，敲入相应克数的铅块（图 2-44）。

⑫ 重新启动平衡机进行测量，如果两侧均显示为"00"，则动平衡成功完成。否则，重新匹配铅块（图 2-45）。

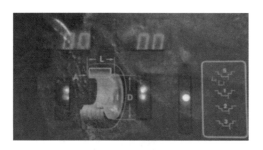

图 2-45 两侧均为"00"，动平衡完成

2.6.1 台式钻床

台式钻床用于零件的钻削加工，因其工作稳定、效率高、占地面积小等特点，在工作中广泛使用。本节将对台式钻床的结构与使用规范进行介绍。

（1）台式钻床的结构

台式钻床主要包括6部分，如图2-46所示。

（2）台式钻床的使用规范

台式钻床的使用规范如表2-13所示。

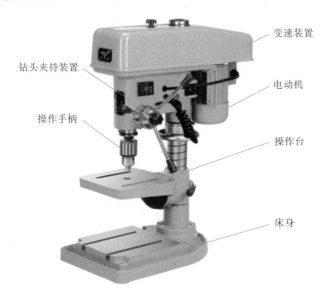

变速装置
钻头夹持装置
电动机
操作手柄
操作台
床身

图2-46　台式钻床的结构

表2-13　台式钻床的使用规范

操作项目	操作规范
工作前安全 防护准备	按规定加注润滑脂。检查手柄位置，进行保护性运转
	工作服扎紧袖口，佩戴防护眼镜。留有长发的女操作工必须戴工作帽
	严禁戴手套操作

操作项目	操作规范
装卸钻头	安装钻头前，仔细检查钻套，钻套标准化锥面部分不能碰伤或凸起
	拆卸时必须使用标准工具
	装钻头要用夹头扳手，不得用敲击的方法装卸钻头
钻削加工	严禁非专业操作人员使用
	钻孔时不可用手直接拉切屑，也不能用纱头或嘴吹清除切屑，头部不能与钻床旋转部分靠得太近
	机床未停稳，不得转动变速盘变速，禁用手把握未停稳的钻头或钻夹头
	操作时只允许一人
	钻孔时工件装夹应稳固，严禁用手把持进行加工，孔即将钻穿时，尽量减小压力与进给速度
	清除铁屑要用毛刷等工具，不得用手直接清理
	工作结束后，要对机床进行日常保养，切断电源，搞好场地卫生

2.6.2 压力机

汽车零件的装配有很多采用的是过渡配合或小过盈配合，这种装配工艺在操作过程中要使用压力机进行操作，例如，活塞销、部分手动变速器输入轴或输出轴轴承的拆装就需要使用压力机进行操作。本节将介绍压力机的结构与使用规范。

（1）压力机的结构

压力机的结构如图2-47所示。

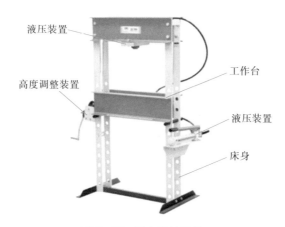

图2-47 压力机的结构

（2）压力机的使用规范

压力机的使用规范如表2-14所示。

（3）尾气抽排设备（抽气机）

汽车的尾气中含有对人体与环境有害的物质，维修车间是相对封闭的场所，如果汽车排放的有害气体不能有效地排到户外，必然会对人体和环境造成危害，所以沃尔沃维修车间中均配备了车辆尾气抽排设备。

① 尾气抽排设备的结构　车间尾气抽排设备主要组成包括抽风机、滑动车、滑动车轨道、抽排导管，见图2-48。

② 尾气抽排设备的使用规范

a. 把尾气排放管拉至有尾气排放的车辆工位后再启动电源开关。

b. 将吸管及吸嘴对准汽车排气管出口夹紧即可。

c. 使用完毕后松开吸嘴将尾气排放管滑至不妨碍工作的位置，关闭电动机电源。

d. 严禁易燃、易爆、明火、刀具等接近尾气抽排系统。

e. 不得使用有毒、腐蚀性溶剂清洁管道。

f. 严禁在管道上堆放物品。

g. 保持尾气抽排系统周围的环境卫生，管道、风机定期打扫。

h. 尾气抽排系统必须安装在室内。

i. 使用时严禁拽拉橡胶管。

j. 工作时工作人员应避免人体部位与高温的汽车排气管接触，以免烫伤。

表2-14　压力机的使用规范

操作项目	操作规范
操作前检查	检查液压油是否达到工作位置
	检查各油管接头及活塞油封是否有漏油现象，若有马上更换
	将工作中所需的压具、冲头准备到位，并检查压具、冲头表面是否有裂纹，以防止在操作中铁屑飞溅造成人身伤害
使　用	操作人员最多不超过2人
	操作中活塞头部、冲头和被压工件应尽量在同一轴线上，以防因受力不均匀造成失稳现象，使人员受到伤害
	手动施加压力应均匀，如感觉有任何阻力应立即停止，校正工件位置，再继续操作
	操作完毕后应将压床清洁干净

图2-48　尾气抽排设备

2.7 车辆举升设备

举升设备是在汽车维修及保养过程中使用的设备之一。本节将从举升设备的类型、使用和保养三个方面对车辆举升设备进行介绍。

2.7.1 举升设备的类型

举升设备的类型如表2-15所示。

表2-15　举升设备的类型

分　类	详　述
 两柱举升器	两柱举升器多用于在车辆大修、小修、保养时举升车辆。主要特点：结构简单；使用可靠；举升能力2.5~3.5t；举升高度1700~1800mm
 四柱举升器	四柱举升器多用于车辆四轮定位和车辆底部检修等。主要特点：能够保证举升车辆的水平度；能够实现二次举升；举升能力2.5~4.5t；举升高度1700~1800mm
 剪式举升器	剪式举升器多用于车辆快修保养。主要特点：地嵌式设计（适用于车辆底部较低的车辆）；使用方便可靠；举升能力2.5~3.5t；举升高度1700~1800mm
 移动式举升器	移动式举升器多用于车辆单个车轮或局部举升。主要特点：体积小；重量轻；可移动

车辆举升设备是车间日常生产工作中使用的设备之一，正确的使用方法、规范的操作流程将保证维修人员在工作中安全、高效地使用举升设备。下面从三个方面介绍举升设备的使用，即举升能力的确定、举升点的确定、举升设备的操作规范。

（1）举升能力的确定

举升能力取决于两个方面，即被举升车辆的质量（重量）与举升设备的额定载荷。当举升设备的额定载荷大于被举升车辆的质量时，可以确定该设备具备举升该车辆的能力。

下面介绍获得举升能力信息的方法。

① 车辆质量（重量）信息查询 根据车身标识铭牌的内容可以简单、快速地查询车辆质量信息。

如图2-49所示为轿车B柱上的车辆铭牌。

其中显示的车辆质量信息为"最大设计总质量：1960kg"。

② 根据举升设备的标牌查询设备的额定载荷 图2-50所示为举升器的标牌，标牌内容包括设备的制造商、品牌、产品型号、额定载荷（举升质量）和序列代码。

图2-49 车辆铭牌　　　　　　　　　图2-50 举升器标牌

（2）举升点的确定

车辆举升点是汽车为举升设备提供的可靠的举升支撑点。车辆举升点的设计强度满足举升要求，在车辆举升过程中对车辆的影响最小。

可以通过以下两种方法来获取车辆举升点的信息。

① 直接查看车辆的底部可获得举升点位置信息。

② 通过VIDA查询车辆举升点的相关信息，如图2-51所示为VIDA系统提示的举升点位置。

使用两柱举升器举升车辆时，被举升车辆的悬架系统处于非承载状态。

在使用移动式举升器举升车辆时，所使用的举升点与两柱举升器使用的举升点相同。

不同点在于移动式举升器只接触车辆底部的一个举升点，实现局部举升车辆（图2-52）。

对于四柱举升器而言，在举升车辆时，四个车轮即为举升点，整体举升车辆，车辆悬

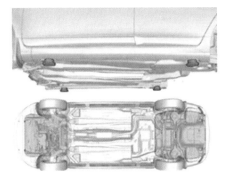

图 2-51 车辆举升点

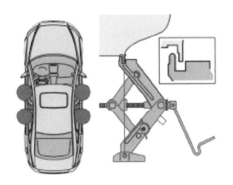

图 2-52 车辆举升点查询

图 2-53 四柱举升器举升车辆

架系统处于承载状态（图2-53）。

（3）举升设备的操作规范

① 使用前应清理举升设备附近妨碍作业的器具、杂物，并且检查车辆停放位置是否正确。

② 在举升前要先进行安全检查，确认车门关闭，并向其他人发出举升机即将启动的信号。

③ 举升设备支架对好车辆举升点后，方能进行举升操作。

④ 举升车辆离开地面时，要确认支撑平稳后，方可继续举升。

⑤ 举升设备举升时，工作人员应离开车辆，举升到需要高度时必须锁好保险，确认安全可靠后才可进行车辆底部作业。

⑥ 举升设备降下前，要首先确认清除设备附近妨碍作业的器具、杂物。

⑦ 举升设备降下时，要首先解除安全保险，而后降下车辆。

有人员作业时严禁升降举升设备。

在举升设备升降过程中，不能触摸设备运动部件。

维修作业结束后，要将举升设备落下，避免举升设备长时间负重。

举升设备发生故障时，必须立即停止使用，关闭电源，及时向设备管理人员汇报。

2.7.3 举升设备的保养

对举升设备定期进行保养，可以使举升设备保持良好的工作状态，延长设备使用寿命，及时发现存在的隐患，避免安全事故的发生，减少由于疏于保养而造成设备损坏的额外维修开支等。

对于举升设备的定期保养主要包括以下五个部分：清洁、紧固、润滑、调整、更换。

（1）清洁

① 保持举升设备清洁，定期对举升设备进行清理（图2-54）。

图 2-54　清理举升设备

图 2-55　清理周围环境

② 保持举升设备周围环境的清洁，每天清理（图 2-55）。

（2）紧固

① 定期紧固举升设备的各连接铰链（图 2-56）。

② 定期紧固举升设备各固定螺栓（图 2-57）。

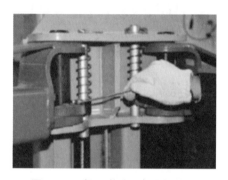

图 2-56　紧固举升设备连接铰链

图 2-57　紧固举升设备固定螺栓

（3）润滑

① 定期润滑举升设备的传动链条（图 2-58）。

② 定期润滑举升设备的连接钢缆（图 2-59）。

图 2-58　润滑举升设备链条

图 2-59　润滑举升设备连接钢缆

（4）调整

① 定期检查并调整四轮定位使用的举升设备的水平度（图 2-60）。

图 2-60　检查调整举升设备水平度

② 定期检查并调整举升设备两侧举升臂的平行度（图2-61）。

（a）左侧支车机构的高度测量　　（b）右侧支车机构的高度测量

图 2-61　检查调整举升设备平行度

（5）更换

定期检查或更换举升设备油箱内液压油（图2-62）。

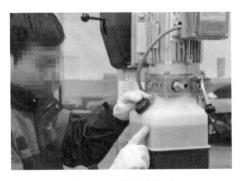

图 2-62　检查液压油

第 **3** 章

发动机
维修基础

CHAPTER 3

3.1.1 四冲程发动机工作过程

发动机的作用是把燃油和空气的混合气燃烧的热能转化为机械能。现在的发动机主要是四冲程发动机，每个工作循环是由进气行程、压缩行程、做功行程和排气行程组成，如图3-1所示。四冲程发动机分为四冲程汽油机和四冲程柴油机，两者的主要区别是点火方式不同。汽油机是火花塞点火，而柴油机是压燃。下面以汽油机为例说明四冲程发动机的工作过程，见表3-1。

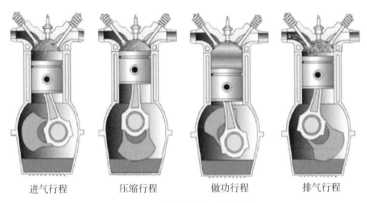

| 进气行程 | 压缩行程 | 做功行程 | 排气行程 |

图 3-1　发动机的工作过程

表3-1　四冲程发动机的工作过程（汽油机）

图　示	详　解
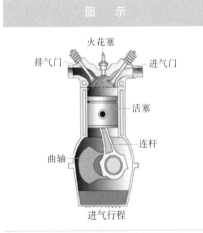	发动机工作时，首先是曲轴在外力作用下驱动活塞开始进气行程。进气行程工作时，排气门关闭，进气门打开，活塞受曲轴的驱动从最上面往下运动，把空气燃油混合气从打开的进气门吸入到气缸内

图　示	详　解
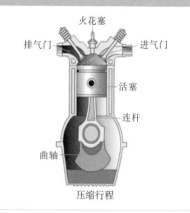	当活塞运行到最下面，进气行程结束后，开始压缩行程。压缩行程工作时进气门和排气门都关闭，活塞从最下面向上运动，对吸入气缸内的空气燃油混合气进行压缩
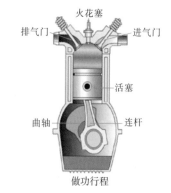	活塞运行到最上面，压缩冲程结束。发动机将开始做功行程。做功行程工作时进排气门完全关闭。火花塞产生火花，点燃被压缩的空气燃油混合气，混合气燃烧产生的推力推动活塞下行，带动曲轴旋转，从而转动发动机
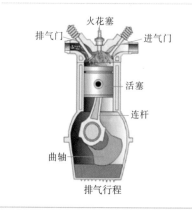	活塞在燃烧的混合气的推力作用下，运行到气缸的最下面，做功行程结束。发动机开始排气行程。排气行程工作时排气门打开，进气门关闭。活塞由旋转的曲轴驱动上行，推动燃烧后产生的废气从排气门排到气缸体外

　　活塞运行到气缸的最上面，排气行程结束，之后活塞继续往下移动，此时进气门打开，排气门关闭，发动机又开始了新一轮的四行程工作。

　　在发动机四行程工作运动中，可以发现：活塞的运动轨迹是从气缸的最上面运动到气缸的最下面，然后再从气缸的最下面运动到气缸的最上面。在完成四个行程之后，活塞在气缸内需要往返4个行程（即曲轴转2转）。所以说活塞进行的是往复直线运动。其实发动机工作就是不断地重复四个行程的工作。

学习发动机构造，掌握发动机的一些基本术语是必要的，如图3-2所示。

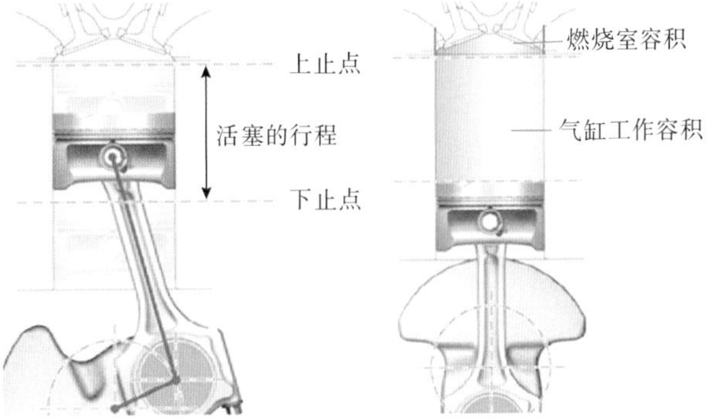

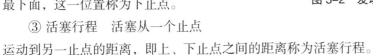

① 上止点　活塞在气缸里做往复直线运动时，当活塞向上运动到最上面，这一位置称为上止点。

② 下止点　活塞在气缸里做往复直线运动时，当活塞向下运动到最下面，这一位置称为下止点。

图 3-2　发动机术语

③ 活塞行程　活塞从一个止点运动到另一止点的距离，即上、下止点之间的距离称为活塞行程。

④ 燃烧室容积　活塞位于上止点时，其顶部与气缸盖之间的容积称为燃烧室容积。

⑤ 气缸工作容积　活塞从一个止点运动到另一个止点所扫过的容积，称为气缸工作容积。

⑥ 气缸总容积　气缸总容积就是气缸工作容积和燃烧室容积之和。

⑦ 发动机排量　多缸发动机各气缸工作容积的总和，称为发动机排量。

⑧ 压缩比　压缩比是气缸总容积与燃烧室容积之比，如图3-3所示。

对汽油机来讲，压缩比越高，对燃油的要求越高。

对柴油机来讲，压缩比越高，就意味着活塞和连杆承受更大的作用力，就需要增大零件的质量，从而增大发动机的体积。所以发动机的压缩比在设计时都应选择合适的数值。

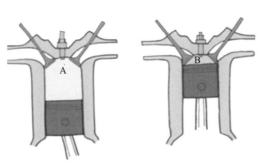

图 3-3　压缩比
A—气缸总容积；B—燃烧室容积

3.2 发动机主要部件

发动机主要部件有气缸盖、气缸体、气缸垫、曲柄连杆机构、正时机构、皮带传动机构、油底壳等。

3.2.1 气缸盖

（1）气缸盖的原理与结构

气缸盖位于发动机顶部，如图3-4所示。它构成燃烧室的顶部，并装有火花塞（喷油嘴）。进气口和排气口、气门及部分配气机构也在气缸盖内。

为了散热性好，气缸盖的材料多采用铝合金。

（2）气缸盖的拆装

拆卸：

① 关闭点火开关及所有用电器。

② 断开蓄电池负极接线柱，拆卸手动维修开关（本书出现的"手动维修开关"适用于混合动力或插电式混合动力车型，下同）。

③ 拆卸空气滤清器总成，拆卸点火线圈。

④ 撬出发动机线束卡扣（箭头），将发动机线束1移至一旁（图3-5）。

⑤ 松开卡箍（箭头），脱开曲轴箱通风管1、PCV阀通气管2与气缸盖罩总成连接（图3-6）。

⑥ 旋出气缸盖罩总成固定螺栓（箭头），取出气缸盖罩总成1。螺栓拧紧力矩：（7±1）

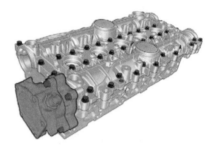

图3-4　发动机气缸盖

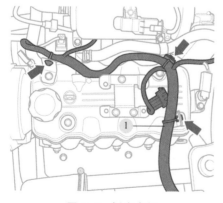

图3-5　撬出卡扣

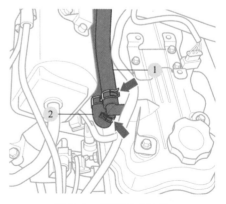

图3-6　脱开总成连接

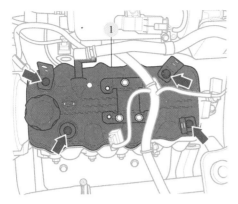

图3-7　取出气缸盖罩总成

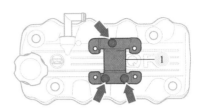

图3-8　取出点火线圈支架

N·m（图3-7）。

⑦ 旋出点火线圈支架固定螺栓（箭头），取出点火线圈支架总成1。螺栓拧紧力矩：（10±2）N·m（图3-8）。

安装：安装步骤大体以倒序进行。

（3）检测方法

如图3-10所示，沿边缘和3条通过中心的直线检测其平面翘曲度。

第3章

注意　更换气缸盖罩密封垫1。将气缸盖罩密封垫1压入气缸盖罩（图3-9）。

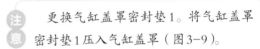

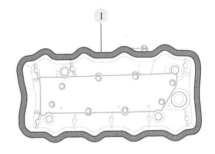

图3-9　将气缸盖罩密封垫压入气缸盖罩

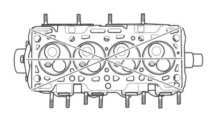

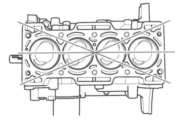

图3-10　检测平面翘曲度

（4）测量方法

使用精密直尺1和塞尺2在每条直线上的不同位置检查气缸盖的变形情况（图3-11）。

气缸盖的翘曲度小于0.03mm，则无需修磨气缸盖结合面，如果气缸盖的翘曲度大于0.03mm，需对气缸盖表面进行维修。气缸盖的标准高度a为93.5mm。

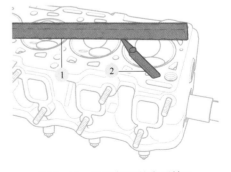

图3-11　检查气缸盖变形情况

3.2.2 气缸垫

气缸垫位于气缸盖和气缸体之间，如图3-12所示，主要起密封作用。

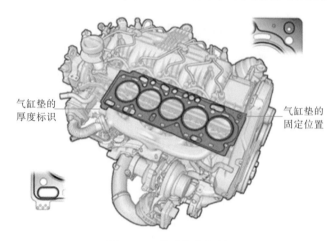

气缸垫的
厚度标识

气缸垫的
固定位置

图 3-12　发动机气缸垫

（1）拆卸

① 关闭点火开关及所有用电器。

② 断开蓄电池负极接线柱，拆卸手动维修开关。

③ 排放发动机机油，排放发动机冷却液。

④ 拆卸空气滤清器固定支架，拆卸催化器总成，拆卸进气歧管上部总成。

⑤ 拆卸正时皮带。

⑥ 旋出凸轮轴齿轮固定螺栓（箭头），取出凸轮轴齿轮1（图3-13）。螺栓拧紧力矩：（60±5）N·m。

⑦ 取出曲轴正时皮带轮1及挡片2（图3-14）。

⑧ 旋出后罩壳焊接总成固定螺栓（箭头A、箭头B），取出后罩壳焊接总成1（图3-15）。

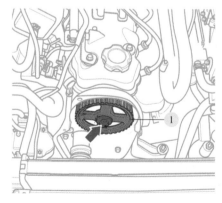

图 3-13　取出凸轮轴齿轮

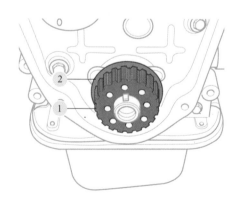

图 3-14　取出曲轴正时皮带轮及挡片

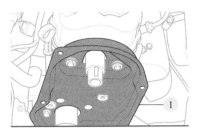
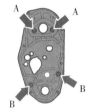

图 3-15　取出后罩壳焊接总成

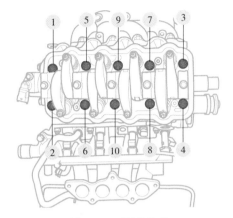

图 3-16　取出总成

⑨ 拆卸气缸盖罩，拆卸油位计导管总成。螺栓（箭头 A）拧紧力矩：（8±2）N·m。螺栓（箭头 B）拧紧力矩：（8±2）N·m。

⑩ 按 1～10 的顺序依次旋出气缸盖固定螺栓。将气缸盖总成与排气歧管总成、进气歧管下部总成整体取出（图 3-16）。

⑪ 取出气缸垫总成。螺栓拧紧力矩：（61±6）N·m。

（2）安装

① 检测气缸体、气缸盖平面翘曲度，安装气缸垫总成。

② 安装气缸盖总成。按 10～1 的倒序依次拧紧螺栓，拧紧分为三个步骤（图 3-16）。

a. 先装入气缸盖螺栓，用手拧紧。

b. 用常用工具预紧气缸盖螺栓。

c. 使用扭力扳手将气缸盖螺栓拧紧到规定力矩：（61±6）N·m。

提示　气缸盖总成安装完成后，调整正时皮带。

③ 其他安装步骤大体以倒序进行。

注意

① 将定位销安装到气缸体上，注意安装位置。

② 清除气缸盖和气缸体上的残余密封剂。

③ 气缸体螺栓孔内不能有机油或者冷却液，否则安装气缸盖螺栓时，会导致气缸体压力过大产生裂痕。

④ 完成维修作业后启动发动机前，旋转曲轴减震皮带轮至少 2 圈。

⑤ 气缸垫总成的机油孔要与气缸体的机油孔一致。

⑥ 气缸垫总成标示字样的一面必须朝上并置于排气歧管侧。

3.2.3 气缸体

气缸体中的气缸与气缸盖一起构成燃烧室，如图3-17所示。气缸的作用就是支撑活塞的往复直线运动，并散发燃烧过程中产生的热量。

气缸体材料大多采用铸铁，也有的采用铝合金以实现更好的散热。

（1）气缸的分类

主流发动机的气缸通常有以下排列形式。

① L：L型气缸体（直列） 直列发动机的气缸成一字排开（图3-18）。

图 3-17　发动机气缸体

优点：气缸体、气缸盖和曲轴结构简单；制造成本低；尺寸紧凑，应用广泛。

缺点：功率较低。

② V：V型气缸体 发动机的气缸采用V形排列，气缸之间有一定的夹角（图3-19）。

图 3-18　L 型气缸体

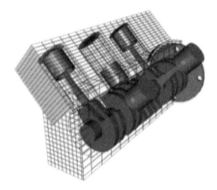

图 3-19　V 型气缸体

优点：形体紧凑，发动机占用空间少；布置方便。

缺点：结构复杂，制造成本很高；多缸发动机采用V形排列。

③ H：H型缸体（水平对置发动机） 水平对置发动机的气缸夹角为180°（图3-20）。

优点：车身低，车辆平稳。

缺点：制造成本和工艺难度相当高；目前世界上只有保时捷和斯巴鲁两个厂商在使用。

④ W：W型气缸体 W型发动机的气缸排列形式是由两个小V形组成一个大V形，两组V型发动机共用一根曲轴。

优点：W型与V型发动机相比，W型可将发动机做得更短一些；曲轴也可短些，减小发动机体积和重量。

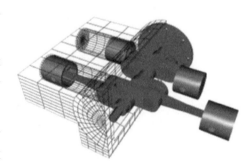

图 3-20　H 型气缸体

缺点：结构更复杂，制造成本更高。

（2）检测方法

① 测量气缸压力

a. 关闭点火开关，拔出燃油泵及喷油器供电熔丝。

b. 拆下所要检测气缸的火花塞。将气缸压力表1连接到火花塞螺纹孔内，并预紧（图3-21）。

c. 以发电机倒拖发动机，读出压力表的最高压力。依次检测4个气缸的缸压，读取所检测气缸压力值。

② 测量气缸体内径

a. 使用内径精密测量仪（50~100mm）测量气缸体缸孔内径。

b. 在每个气缸内距顶部15mm、45mm、90mm的3个平面（a、b、c）上分别沿横向B和纵向A测量气缸体缸孔内径（图3-22）。

c. 任何两个气缸体缸孔内径差值的限度：0.05mm。

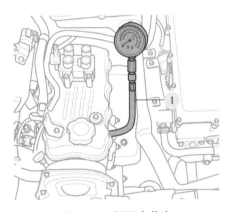

图 3-21　拆下火花塞

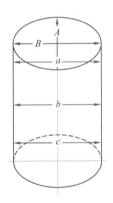

图 3-22　测量气缸体缸孔内径

3.2.4　曲柄连杆机构

曲柄连杆机构的作用是把燃料燃烧后气体作用在活塞顶上的膨胀压力转变为曲轴旋转的转矩，不断输出动力。曲柄连杆机构是发动机实现工作循环、完成能量转换的主要运动零件。在做功冲程，它将燃料燃烧产生的热能经活塞往复运动、曲轴旋转运动而转变为机械能，对外输出动力；在其他行程，则依靠曲柄和飞轮的转动惯性、通过连杆带动活塞上下运动，为下一次做功创造条件。

曲柄连杆机构由活塞连杆组和曲轴飞轮组等零件组成，如图3-23所示。

如图3-24所示，活塞连杆组将活塞的往复运动变为曲轴的旋转运动，同时将作用于活塞上的力转变为曲轴对外输出转矩，以驱动汽车车轮转动。它是发动机的传动件，它把燃烧气体的压力传给曲轴，使曲轴旋转并输出动力。活塞连杆组主要由活塞、活塞环、活塞销和连杆等组成。

活塞的主要作用是承受气缸的气体压力，并将此力通过活塞销传给连杆，以推动曲轴旋转，它把燃烧气体的压力传给曲轴，使曲轴旋转并输出动力；活塞的顶部还与气缸盖、气缸壁共同组成燃烧室。

活塞环包括气环和油环两种。气环的作用是保证活塞与气缸壁间的密封，防止高温高压燃气进入曲轴箱；同时还将活塞顶部的大部分热量传导给气缸，再由冷却水或空气带走。油环主要是刮油、布油和辅助密封作用。油环用来刮除气缸壁上多余的机油，并在气缸壁上铺涂一层均匀机油膜，这样既可以防止机油串入，又可以减小活塞与气缸的磨损与摩擦阻力。

连杆的功用是连接活塞和曲轴，把活塞的往复运动转变为曲轴的旋转运动，并将活塞承受的力传给曲轴。连杆一般由连杆小头、连杆杆身和连杆大头三部分组成。

曲轴的功用是把活塞连杆组传来的气体压力转变为扭矩通过飞轮对外输出，另外，还用来驱动发动机的配气机构及其他辅助装置。曲轴的材料大多采用优质中碳钢或中合金碳钢，有的采用球墨铸铁。为了提高曲轴的耐磨性，其主轴颈和连杆轴颈表面上均需高频淬火或氮化。

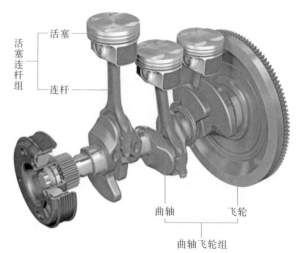

图 3-23　曲柄连杆机构

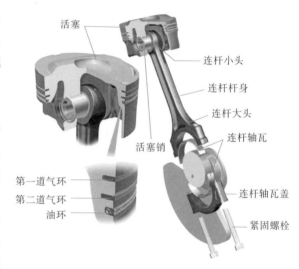

图 3-24　活塞连杆组

如图 3-25 所示，曲轴由主轴颈、连杆轴颈、曲柄、油孔、前端轴和曲轴后端等组成，有的发动机还包括平衡重。一个连杆轴颈和它两端的曲柄及相邻两个主轴颈构成一个曲拐。

曲轴的形状和各曲拐的相对位置取决于气缸数、气缸排列方式和点火次序。直列式发动机曲轴的曲拐数等于气缸数；V 型发动机曲轴的曲拐数等于气缸数的一半。

（1）曲柄连杆机构的拆装

① 主轴承盖螺栓拧紧顺序　按图 3-26 所示的顺序拧紧螺栓 1 ~ 10。螺栓拧紧力矩:（ 49 ± 6)N·m。

注意　拧紧螺栓后，要保证用手旋转时，曲轴能顺利地转动。

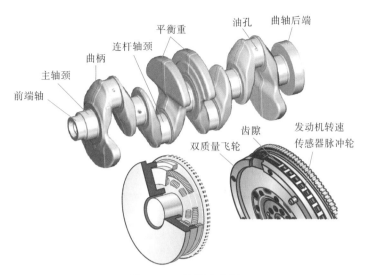

前端轴 主轴颈 曲柄 连杆轴颈 平衡重 油孔 曲轴后端

双质量飞轮 齿隙 发动机转速传感器脉冲轮

图 3-25　曲柄飞轮组

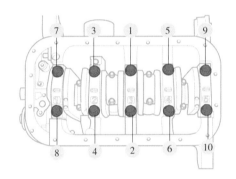

图 3-26　拧紧螺栓

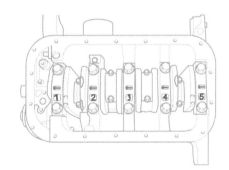

图 3-27　正时皮带侧

②主轴承盖装配位置　如图3-27所示,"箭头"所指的方向为正时皮带侧。第一、二、三、四、五道主轴承盖顶部分别标有数字1、2、3、4、5。

③拆卸和安装曲轴后油封

拆卸:

a.拆卸发动机总成。

b.分离发动机总成与发电机。

c.拆卸油底壳。

d.如图3-28所示,旋出固定螺栓(箭头A、箭头B),取出曲轴后端盖1。螺栓拧紧力矩:(10 ± 2)N·m(箭头A);(10 ± 2)N·m(箭头B)。

e.拆卸曲轴后油封1(图3-29)。

安装:

a.如图3-30所示,更换曲轴后端盖密封垫1,并在密封垫表面均匀地涂一层硅胶密封剂。

 提示　曲轴后端盖密封垫在涂上硅胶密封剂后3min内安装。密封剂勿超过规定厚度,否则溢出的密封剂会进入油底壳,堵塞机油泵吸油管孔滤网。

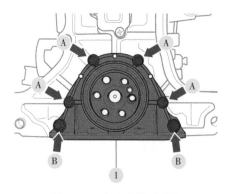

图 3-28　取出曲轴后端盖

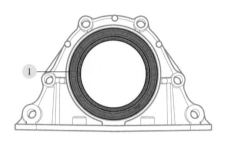

图 3-29　拆卸曲轴后油封

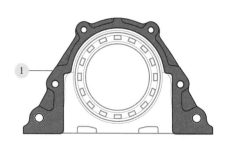

图 3-30　更换曲轴后端盖密封垫

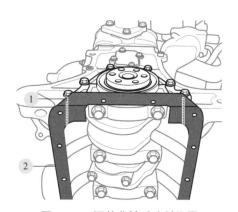

图 3-31　调整曲轴后油封位置

b. 安装后，沿曲轴径向调整曲轴后油封位置，使曲轴后端盖 1 的平面与气缸体 2 平面处于同一平面，如图 3-31 所示。

c. 其他安装步骤大体以倒序进行。

④ 拆卸和安装曲轴前油封

拆卸：

a. 拆卸正时皮带。

b. 如图 3-32 所示，旋出凸轮轴正时皮带轮固定螺栓（箭头），取出凸轮轴正时皮带轮 1。螺栓拧紧力矩：（60±5）N·m。

c. 取出曲轴正时皮带轮 1 及曲轴正时皮带轮挡片 2，如图 3-33 所示。

d. 如图 3-34 所示，旋出后罩壳焊接总成固定螺栓（箭头 A、箭头 B），取出后罩壳焊接总成 1。螺栓拧紧力矩：（8±2）N·m（箭头 A）；（8±2）N·m（箭头 B）。

> **提示**　如果曲轴后端盖与气缸体接触面不在同一条直线上，会使油底壳密封不良导致漏油。

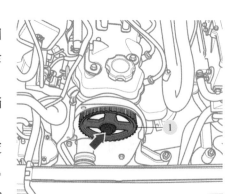

图 3-32　取出凸轮轴正时皮带轮

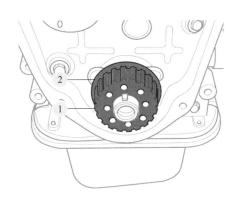

图 3-33　取出挡片

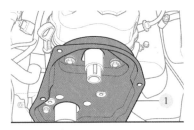

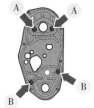

图 3-34　取出后罩壳焊接总成

e. 拆下曲轴前油封 1，如图 3-35 所示。

安装：安装步骤大体以倒序进行。

⑤ 活塞环的安装顺序

a. 首先安装钢片刮油环，其次安装第 2 道活塞环，最后安装第 1 道活塞环。

 安装油封前，须清洁机油泵壳体。油封为一次性零件，安装时须使用新油封。

b. 安装复合衬环与钢片刮油环时，将钢片刮油环嵌于复合衬环两侧，油环开口错开约 180°。

c. 安装第 2 道活塞环时，活塞环上有字符标记 ATOP（箭头 A）侧朝向活塞顶部，如图 3-36 所示。

d. 安装第 1 道活塞环时，活塞环上有字符标记 ATGV（箭头 B）朝向活塞顶部（图 3-36）。

e. 安装活塞环后，检查活塞环开口，不能朝向活塞销轴侧以及活塞工作面，相邻各环开口不能重合，均匀错开 180°。

f. 安装后检查活塞环是否能自由旋转。

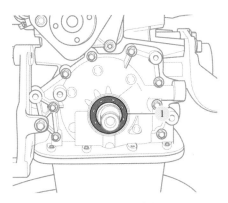

图 3-35　拆下曲轴前油封

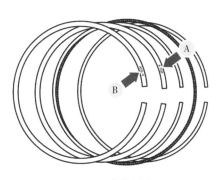

图 3-36　安装活塞环

⑥拆卸和安装活塞连杆

拆卸：

a. 拆卸发动机动力总成。

b. 分离发动机与发电机。

c. 拆卸气缸盖总成。

d. 拆卸油底壳总成。

e. 如图3-37所示，旋出固定螺栓（箭头），取出机油集滤器总成1。螺栓拧紧力矩：(10±2)N·m。

f. 如图3-38所示，旋出连杆轴承盖固定螺母（箭头），取出连杆轴承盖1。螺母拧紧力矩：(34±6)N·m。

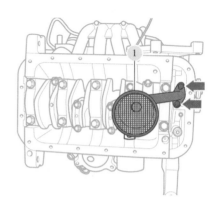

图 3-37　取出机油集滤器总成

g. 如图3-39所示，使用锤子1手柄或质软的工具将活塞组件2推出。

h. 如图3-40所示，使用活塞环拆装工具拆卸活塞环1。

i. 如图3-41所示，使用一字螺丝刀1撬出活塞销卡环2。

j. 如图3-42所示，取出活塞销1，取出连杆2。

安装：安装大体以倒序进行。

注意　安装时注意活塞环的安装顺序。

图 3-38　取出连杆轴承盖

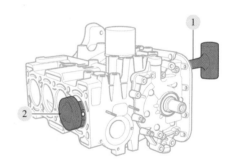

图 3-39　推出活塞组件

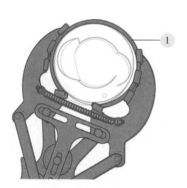

图 3-40　拆卸活塞环

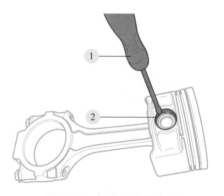

图 3-41　撬出活塞销卡环

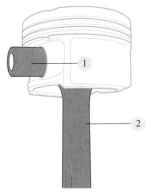

图 3-42　取出活塞销、连杆

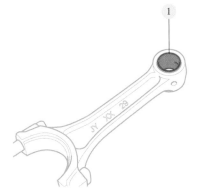

图 3-43　拆下连杆衬套

⑦ 拆卸和安装连杆衬套

拆卸：拆卸活塞连杆，使用工具拆下连杆衬套 1，如图 3-43 所示。

安装：安装大体以倒序进行。

⑧ 活塞和连杆装配关系

a. 如图 3-44 中 ① 所示，连杆轴承盖与连杆间的标识 "E" 在安装后两半必须完全吻合。

b. 如图 3-44 中 ② 所示，连杆轴承盖上有凸点标记（箭头 A），所指的方向朝向曲轴后油封侧。

c. 如图 3-44 中 ③ 所示，连杆上有字符 "JY XX 29" 标记（箭头 B），所指的方向朝向曲轴后油封侧。

d. 如图 3-45 所示，活塞顶部圆形标识（箭头）的一侧朝向正时皮带侧。

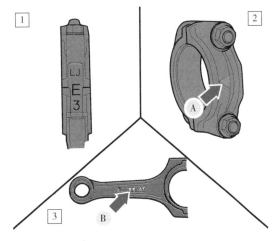

图 3-44　活塞和连杆装配关系

⑨ 拆卸和安装活塞环

拆卸：拆卸活塞连杆，使用活塞环拆装工具拆卸活塞环 1，如图 3-46 所示。

安装：安装大体以倒序进行，同时注意活塞环的安装顺序。

（2）测量

① 测量曲轴主轴颈与曲轴主轴瓦的间隙

a. 拆卸主轴承盖并清洁主轴承盖和轴颈。

b. 将塑料间隙规根据轴承的宽度放置在轴颈上和轴瓦内（塑料间隙规必须位于轴瓦中央）。

c. 装上主轴承盖（不要混淆运转过的轴瓦），并按规定力矩拧紧，同时不要运转曲轴。

d. 重新拆卸主轴承盖。

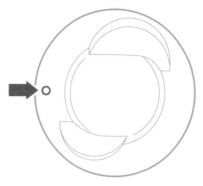

图 3-45　活塞顶部圆形标识的一侧朝向正时皮带侧

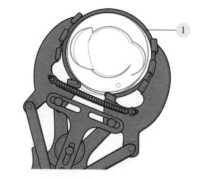

图 3-46　拆卸活塞环

e. 比较塑料间隙规的宽度与测量刻度。

f. 如图 3-47 所示，主轴承盖扭紧力矩：（49±6）N·m。标准间隙：0.020～0.040mm。磨损极限：0.08mm。

② 测量连杆轴颈与连杆轴瓦的间隙

a. 拆卸连杆轴承盖并清洁连杆轴承盖和连杆轴颈。

b. 将塑料间隙规根据轴承的宽度放置在轴颈上和轴瓦内（塑料间隙规必须位于轴瓦中央）。

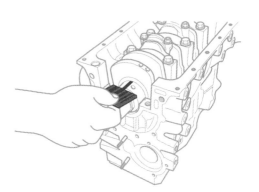

图 3-47　测量曲轴主轴颈与曲轴主轴瓦间隙

c. 装上连杆轴承盖，并按规定力矩拧紧，同时不要运转曲轴。

d. 重新拆卸连杆轴承盖。比较塑料间隙规的宽度与测量刻度。

e. 如图 3-48 所示，连杆轴承盖扭紧力矩：（34±6）N·m。标准间隙：0.020～0.040mm。磨损极限：0.08mm。

③ 测量曲轴的止推间隙

a. 使曲轴主轴承盖固定螺栓达到标准拧紧力矩。

b. 将百分表 1 安装到百分表磁性表座 2 上，如图 3-49 所示。

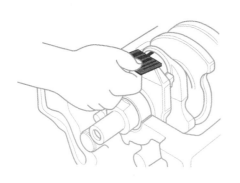

图 3-48　测量连杆轴颈与连杆轴瓦间隙

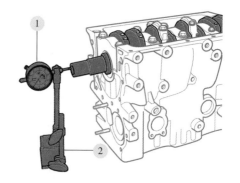

图 3-49　测量曲轴的止推间隙

c. 将百分表的测量杆顶住曲轴前端，并将百分表归零。

d. 轴向推动曲轴（不要转动曲轴）并从百分表上读出曲轴止推间隙。

e. 标准曲轴止推间隙：0.08～0.26mm。维修极限：0.35mm。

如果超过维修极限，更换加大厚度的止推片，见表3-2。

表3-2　曲轴止推片厚度

等　　级	厚度尺寸/mm
A	2.52~2.56
B	2.47~2.52
C	2.44~2.47

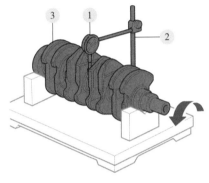

图3-50　测量曲轴的跳动量

④ 测量曲轴的跳动量（图3-50）

a. 将V形块置于水平表面的工作台上，把曲轴3置于V形块上。

b. 将百分表1安装到百分表磁性表座2上。

c. 将百分表的测量杆放置在工作台上，检查曲轴3的总跳动量。

d. 测量所有主轴颈的径向跳动量，沿"箭头"方向转动曲轴两圈，并从百分表上读出曲轴的跳动量，每个轴颈测量结果的差值不能超出维修极限。

e. 曲轴主轴颈径向跳动量限度：0.06mm。

⑤ 测量活塞环开口间隙　使用不带活塞环的活塞将活塞环沿气缸壁垂直推入气缸内直到离气缸底部15～20mm处。使用塞尺测量活塞环的开口间隙，见表3-3。

表3-3　测量活塞环开口间隙

活塞环	标准值/mm	维修极限/mm
第1道气环	0.15~0.30	0.7
第2道气环	0.23~0.38	0.7
油　环	0.25~0.75	1.8

⑥ 测量活塞环槽高度间隙　测量前清洁活塞环槽及活塞环。将活塞环与塞尺垂直嵌入活塞环槽，测量间隙，见表3-4。

表3-4　测量活塞环槽高度间隙

活塞环槽	标准值/mm	维修极限/mm
第1道气环	0.03~0.07	0.12
第2道气环	0.02~0.06	0.10

⑦ 测量活塞直径　测量距离活塞底 10 ~ 16mm 之间的活塞裙部直径。活塞直径（标准）：65.465 ~ 65.495mm。

⑧ 测量活塞与气缸体之间间隙　如图 3-51 所示，使用塞尺 1 测量活塞与气缸体之间间隙 a。标准间隙 a：0.025 ~ 0.045mm。

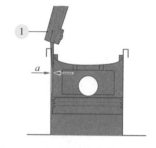

图 3-51　测量活塞与气缸体间隙

⑨ 测量活塞销与活塞上活塞销孔之间的差值

a. 使用外径千分尺（0 ~ 25mm）测量活塞销直径，并读取数据。

b. 使用内径千分尺测量活塞上活塞销孔直径，并读取数据。

c. 活塞销与活塞销孔的间隙。标准数值：0.003 ~ 0.012mm。限度：0.05mm。

⑩ 测量活塞销与连杆头活塞销孔之间的差值

a. 使用外径千分尺（0 ~ 25mm）测量活塞销直径，并读取数据。

b. 使用内径千分尺测量连杆头活塞销孔直径，并读取数据。

c. 活塞销到连杆头活塞销孔的间隙。标准数值：0.003 ~ 0.017mm。限度：0.05mm。

3.2.5　油底壳

（1）油底壳的结构和作用

如图 3-52 所示，油底壳的作用是收集和储存从发动机各摩擦表面流回的润滑油，而且散发部分热量，防止润滑油氧化。

有的放油螺钉具有磁性，可以吸附机油里面的金属杂质。

（2）油底壳的拆卸

① 拆卸发动机动力总成。

② 分离发动机与发电机。

③ 如图 3-53 所示，旋出防尘板与油底壳连接螺栓（箭头），取下防尘板 1。螺栓拧紧力矩：（8±1）N·m。

图 3-52　油底壳

④ 如图 3-54 所示，旋出油底壳固定螺栓（箭头），拆下油底壳总成 1。螺栓拧紧力

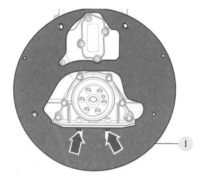

图 3-53　旋出连接螺栓

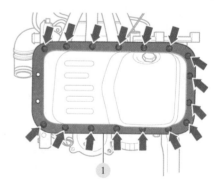

图 3-54　旋出固定螺栓

矩：（8±1）N·m。

（3）油底壳的安装

① 清除油底壳内部杂质、铁屑以及残留的密封剂。

② 用平刮刀清除缸体上密封剂残余物。

③ 气缸体螺纹孔内不得有任何油污及残余密封剂。

④ 如图 3-55 所示，在机油泵总成 2、曲轴后端盖 1 与缸体总成 3 连接面区域（箭头）处，涂一层密封剂。涂抹密封剂时，不要涂抹在螺栓孔内。

⑤ 如图 3-56 所示，安装油底壳，并按照 1~16 对角顺序拧紧螺栓。螺栓 1~16 拧紧力矩：（8±1）N·m。

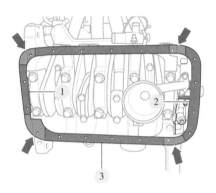

图 3-55　涂密封剂

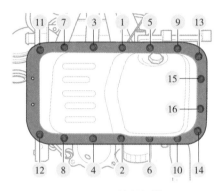

图 3-56　拧紧螺栓

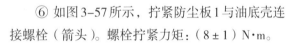

提示

① 注意密封剂的型号和使用有效期。

② 密封剂不可涂抹太厚，否则因挤压而溢出的密封剂会进入油底壳，堵塞机油集滤器。

③ 密封剂涂胶后必须在 3min 内开始安装油底壳，15min 内拧紧油底壳。

④ 安装好油底壳后，密封剂必须经过大约 30min 的干燥以后，才可加注发动机机油。

⑥ 如图 3-57 所示，拧紧防尘板 1 与油底壳连接螺栓（箭头）。螺栓拧紧力矩：（8±1）N·m。

⑦ 其他安装步骤大体以倒序进行。

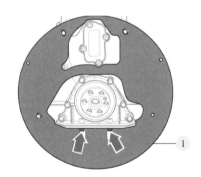

图 3-57　拧紧连接螺栓

3.2.6　正时机构

（1）正时机构

活塞的运动和气门的开启时刻有着一一对应关系，这种关系称为正时。

第3章

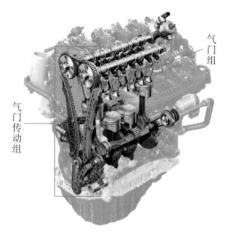

图 3-58 正时传动机构

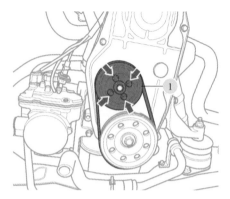

图 3-59 正时皮带拆卸一

  正时机构是通过发动机正时皮带或者正时链条由曲轴来驱动的，发动机工作时使进、排气门在适当的时候开启或关闭，以保证发动机能够正常地吸气和排气，如图 3-58 所示。

  对于装有正时皮带的发动机，厂家都严格要求在规定的周期内定期更换正时皮带及附件。但用强度较大的钢材所制成的正时链条则不需要进行更换。

  （2）正时机构的拆装

  ① 拆卸和安装正时皮带

  拆卸：

  a. 关闭点火开关及所有用电器。

  b. 断开蓄电池负极接线柱。

  c. 拆卸手动维修开关。.

  d. 拆卸电子风扇总成。

  e. 如图 3-59 所示，旋出水泵皮带轮 1 固定螺栓（箭头）。螺栓拧紧力矩：（10±2）N·m。

  f. 如图 3-60 所示，使用一字螺丝刀沿箭头方向撬出水泵皮带轮 1，取出水泵皮带 2。

  g. 如图 3-61 所示，使用工具固定主动皮带轮 1，沿箭头 A 方向旋出主动皮带轮固定螺

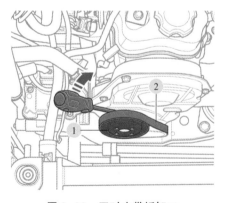

图 3-60 正时皮带拆卸二

图 3-61 正时皮带拆卸三

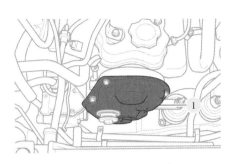

图 3-62　正时皮带拆卸四

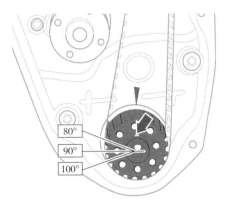

图 3-63　正时皮带拆卸五

栓（箭头 B），取出主动皮带轮 1。螺栓拧紧力矩：（90±10）N·m。

　　h. 如图 3-62 所示，旋出固定螺栓，取下前罩壳 1。螺栓拧紧力矩：（5±1）N·m。

　　i. 如图 3-63 所示，转动曲轴，使曲轴正时皮带轮键槽（箭头）处于与后罩壳标记左边成 80°～100°。

　　j. 如图 3-64 所示，旋出张紧轮总成固定螺栓（箭头 A、箭头 B），取出张紧轮总成 1，取出正时皮带 2。螺栓拧紧力矩：（23±5）N·m（箭头 A）。（23±5）N·m（箭头 B）。

注意　为了防止活塞顶部与气门接触，卸下张紧轮总成前必须进行上述转动。如果发生接触，容易导致气门损坏，卸下气缸盖或摇臂之前，不能旋转凸轮轴或曲轴。

　　安装：

　　a. 如图 3-65 所示，预紧张紧轮总成调整螺栓（箭头 B）及扭簧螺栓（箭头 A），直至张紧轮总成 1 恰好能用手移动为止。

　　b. 如图 3-66 所示，将凸轮轴正时皮带轮侧轮缘上的"·"标志（箭头 B）正对着后罩

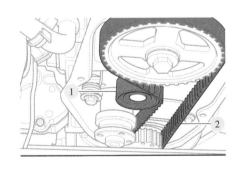

图 3-64　正时皮带拆卸六

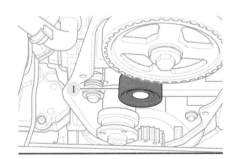

图 3-65　正时皮带安装一

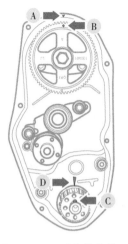

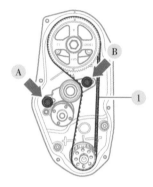

图 3-66　正时皮带安装二　　　　　　图 3-67　正时皮带安装三

壳上端"↑"标志（箭头 A）。

　　c. 如图 3-66 所示，将曲轴正时皮带轮键槽（箭头 C）正对着后罩壳下端"↑"标志（箭头 D）。

　　d. 如图 3-67 所示，安装正时皮带 1，使右侧正时皮带在无松动的情况下套进两正时齿轮。

　　e. 安装正时皮带后，将扭簧的一端挂在张紧轮托架上，另一端挂在水泵螺栓上。

　　f. 顺时针方向旋转曲轴两周，拧紧螺栓（箭头 A、箭头 B）。螺栓拧紧力矩：（23±5）N·m（箭头 A）；（23±5）N·m（箭头 B）。

　　g. 在凸轮轴和曲轴之间用手以约 29.4N 的力按压正时皮带，确认张紧挠度在规定范围内。正时皮带张紧挠度（L）：5.5~6.5mm。

　　h. 其他安装大体以倒序进行。

注意

　　a. 安装正时皮带时，必须严格按步骤进行，否则将导致顶气门，损坏发动机。

　　b. 安装正时皮带时，要松开每个气门调整螺钉和螺母，以使凸轮轴和皮带轮能自由地旋转。

　　c. 安装正时皮带张紧轮后，以顺时针方向旋转曲轴两周，检查凸轮轴正时皮带轮、曲轴正时皮带轮处标记是否对齐。如果没有对齐，上述操作必须重复进行，直至达到要求为止。

---

② 拆卸和安装曲轴正时皮带轮

拆卸：

a. 关闭点火开关及所有用电器。

b. 断开蓄电池负极接线柱。

c. 拆卸手动维修开关。

d. 拆卸正时皮带。

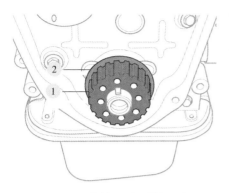

图3-68 曲轴正时皮带轮拆卸

e. 取出曲轴正时皮带轮1及曲轴正时挡片2，如图3-68所示。

安装：安装大体以倒序进行。

③ 拆卸和安装正时皮带前罩壳

拆卸：

a. 关闭点火开关及所有用电器。

b. 断开蓄电池负极接线柱。

c. 拆卸手动维修开关。

d. 拆卸电子风扇总成。

注意 安装时注意曲轴正时皮带轮挡片带字侧（箭头）朝内，如图3-69所示。

安装时注意曲轴正时皮带轮带字侧（箭头）朝内，如图3-70所示。

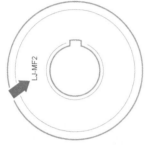

图3-69 注意事项一

图3-70 注意事项二

e. 如图3-71所示，旋出水泵皮带轮1固定螺栓（箭头）。螺栓拧紧力矩:（10±2）N·m。

f. 如图3-72所示，使用一字螺丝刀沿箭头方向撬出水泵皮带轮1。取出水泵皮带2。

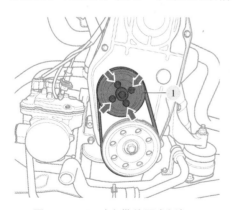

图3-71 正时皮带前罩壳拆卸一

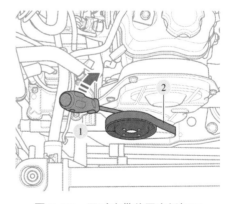

图3-72 正时皮带前罩壳拆卸二

g. 如图3-73所示，使用工具固定主动皮带轮1，使其不能自由转动；沿箭头A方向旋出主动皮带轮固定螺栓（箭头B），取下固定主动皮带轮的工具并取出主动皮带轮。螺栓拧紧力矩：（90±10）N·m。

图 3-73 正时皮带前罩壳拆卸三

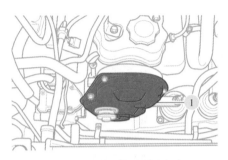

图 3-74 正时皮带前罩壳拆卸四

h. 如图 3-74 所示，旋出固定螺栓，取下前罩壳 1。螺栓拧紧力矩：（5±1）N·m。
安装：安装大体以倒序进行。

3.2.7 皮带传动机构

发动机的附件是由皮带在曲轴的带动下驱动的，如图 3-75 所示。

图 3-75 皮带传动机构

优点：运转噪声低，制造成本低。

缺点：由于皮带由纤维增强塑料制成，在使用过程中会出现疲劳折断的情况，所以厂家要求在规定的时间内要进行更换。

 注意 机油和冷却液对皮带具有腐蚀作用，切勿让发动机的皮带接触机油或冷却液。

3.3 进排气系统

进气系统的作用是向发动机提供其所需要容量的清洁空气，排气系统的作用是将发动机产生的废气排放到大气中。改善发动机进气和排气的通畅性将有助于提高发动机效率。

3.3.1 进气系统

如图3-76所示是进气系统。发动机工作时燃烧的是空气和燃油的混合物，进气系统的作用就是给发动机供给空气。空气在进入气缸之前，需要经过进气系统的空气滤清器、节气门体、进气歧管、进气门等。

（1）空气滤清器

① 空气滤清器的作用　如图3-77所示为空气滤清器外形。空气滤清器的作用是对进入气缸的空气进行过滤，保证在发动机内部能形成清洁的混合气，从而使发动机的功率增大。

由于空气滤清器长时间进行过滤空气后，会使滤清器的清洁作用减弱，所以需要定期进行更换。

 注意　绝对不可以对空气滤清器进行清洗后，再二次使用。

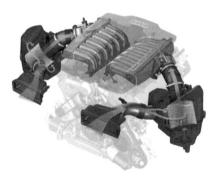

图3-76　进气系统

图3-77　空气滤清器

② 空气滤清器的拆卸与安装

● 拆装空气滤清器总成

拆卸：

a.拆卸进气管总成。

b.如图3-78所示，旋松卡箍螺栓（箭头），脱开空气管总成2与滤清器总成1的连接。

c.取出空气滤清器总成1。

安装：安装大体以倒序进行。

注意　检查软管是否损坏，必要时更换。

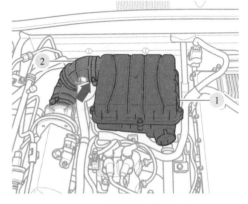

图 3-78　拆卸空气滤清器总成

- 拆卸和安装空气滤清器滤芯

拆卸：

a. 关闭点火开关及所有用电器。

b. 如图 3-79 所示，旋松卡箍螺栓（箭头 B），脱开空气管总成 1 与空气滤清器上壳体 2 连接。

c. 旋出螺栓（箭头 A），拆下空气滤清器上壳体 2。螺栓（箭头 A）拧紧力矩：（10±2）N·m。

d. 如图 3-80 所示，取出空气滤清器滤芯 1。

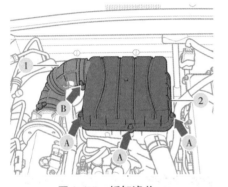

图 3-79　拆卸滤芯一

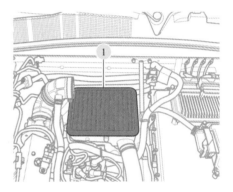

图 3-80　拆卸滤芯二

安装：安装大体以倒序进行。

- 拆卸和安装空气滤清器固定支架

拆卸：

注意　请使用原厂空气滤清器滤芯。请将空气滤清器壳体内的杂物清洁干净。

a. 关闭点火开关及所有用电器。

b. 如图 3-81 所示，拆卸空气滤清器总成，脱开线束卡扣（箭头），移开线束 1。

c. 如图 3-82 所示，旋出空气滤清器支架固定螺栓（箭头），取出空气滤清器固定支架 1。螺栓拧紧力矩：（10±2）N·m。

安装：安装大体以倒序进行。

（2）节气门体

① 节气门的结构　通过控制节气门体的开度，可以控制进入发动机的进气量。但是空气中一部分杂质遇热后也会凝结在节气门体上，造成脏污。节气门体的结构如图 3-83 所示。

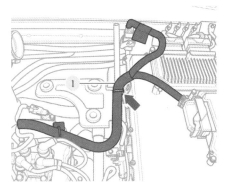

图 3-81　拆卸固定支架一

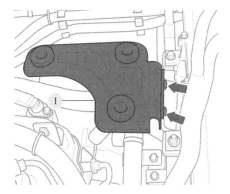

图 3-82　拆卸固定支架二

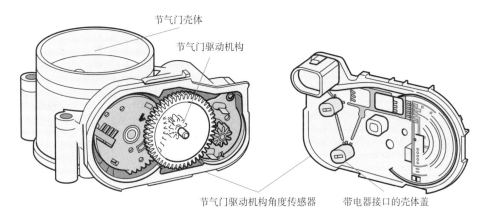

图 3-83　节气门体的结构

节气门在工作过程中，由于有积炭和脏污会造成发动机怠速抖动、熄火等现象，所以需要定期对其进行清洗。

② 节气门的拆装

拆卸：

a. 关闭点火开关及所有用电器。

b. 断开蓄电池负极接线柱，拆卸空气管总成。

c. 如图 3-84 所示，沿箭头 A 方向按压插头卡扣，断开电子节气门体插头（箭头 B）。

d. 如图 3-85 所示，旋出电子节气门体 1 的固定螺栓（箭头）。螺栓拧紧力矩：（10±2）N·m。

e. 如图 3-86 所示，脱开电子节气门体线束卡扣（箭头），取出电子节气门体 1。

安装：安装大体以倒序进行。

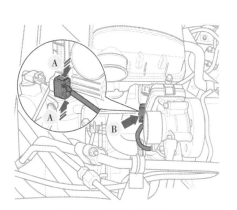

图 3-84　拆卸节气门一

（3）进气歧管

① 进气歧管的结构　空气经过节气门体进入进气歧管，由于很小的障碍物都对气流产生阻碍，所以进气歧管需要内部光滑，有的车型采用复合材料使进气歧管内部更加光

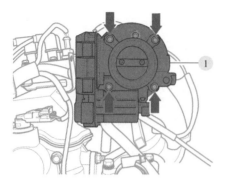

图 3-85 拆卸节气门二

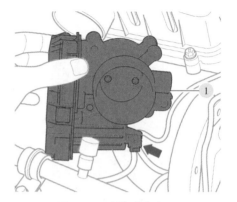

图 3-86 拆卸节气门三

注意

a. 如图 3-87 所示，使用丙酮和干净的刷子仔细清洁节气门壳体，特别是节气门闭合的区域（箭头）。

b. 用无毛纤维的抹布擦干节气门壳体。

c. 丙酮完全蒸发后，方可安装电子节气门体。

d. 更换节流阀体密封垫。

e. 丙酮具有易燃性和腐蚀性，使用时，请遵照其使用提示，不能使用压缩空气清洁节气门。

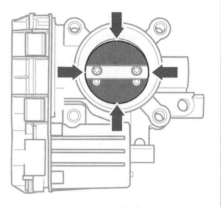

图 3-87 注意事项

滑，保证尽量多的空气进入到气缸里面。进气歧管外形如图 3-88 所示。

② 进气歧管的拆装

● 拆卸和安装进气管总成

拆卸：如图 3-89 所示，旋出进气管总成 1 的固定螺栓（箭头）。取出进气管总成 1。螺栓拧紧力矩：（10±2）N·m。

图 3-88 进气歧管

安装：安装大体以倒序进行。

● 拆卸和安装空气管总成

拆卸：

a. 关闭点火开关及所有用电器。

b. 如图 3-90 所示，松开卡箍（箭头 B），脱开曲轴箱通风管 1 与空气管总成 2 连接。

c. 旋松卡箍（箭头 A），拆下空气管总成 2。

安装：安装大体以倒序进行。

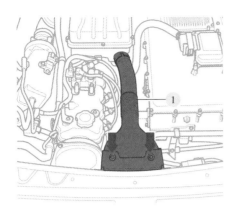

图 3-89　拆卸进气歧管

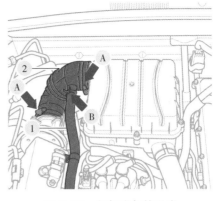

图 3-90　拆卸空气管总成

- 拆卸和安装进气歧管上部总成

拆卸：

a. 关闭点火开关及所有用电器。

b. 断开蓄电池负极接线柱。

c. 拆卸手动维修开关。

d. 拆卸电子节气门体。

e. 拆卸进气温度压力传感器。

f. 如图 3-91 所示，松开卡箍（箭头 A、箭头 C），旋出曲轴箱通风管支架固定螺栓（箭头 B），取下曲轴箱通风管 1。螺栓（箭头 B）拧紧力矩：（10±2）N·m。

g. 如图 3-92 所示，松开卡箍（箭头 A），脱开 PCV 阀通气管 1 与进气歧管上部总成连接。旋出进气歧管支承板固定螺栓（箭头 B）。螺栓（箭头 B）拧紧力矩：（19±2）N·m。

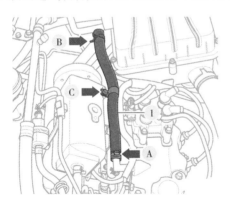

图 3-91　拆卸进气歧管上部总成一

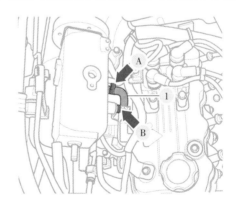

图 3-92　拆卸进气歧管上部总成二

h. 如图 3-93 所示，松开卡箍（箭头 B），脱开炭罐控制阀出气软管与进气歧管上部总成连接。

i. 旋出炭罐控制阀支架螺栓（箭头 A），移开炭罐控制阀支架及炭罐出气软管 1。螺栓（箭头 A）拧紧力矩：（10±2）N·m。

j. 如图 3-94 所示，旋出进气歧管上部总成固定螺栓（箭头），取出进气歧管上部总成

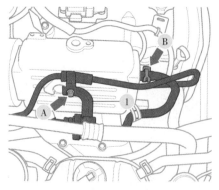

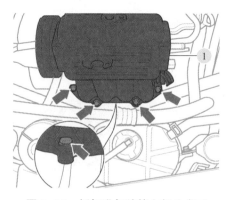

图 3-93　拆卸炭罐控制阀支架及出气软管　　　图 3-94　拆卸进气歧管上部总成三

1。螺栓拧紧力矩：（19±2）N·m。

>
> a. 拆卸进气歧管上部总成时，要注意保持拆装区域的整洁。
> b. 取出进气歧管上部总成后，注意密封进气歧管总成，防止杂质进入孔道。

安装：安装大体以倒序进行。

>
> a. 检查进气歧管内是否有异物，并清除。
> b. 排气歧管上部总成与排气歧管下部总成结合面须涂一层密封胶，以确保结合面不漏气。

• 拆卸和安装进气歧管下部总成

拆卸：

a. 关闭点火开关及所有用电器。

b. 断开蓄电池负极接线柱。

c. 拆卸手动维修开关，拆卸进气歧管上部总成。

d. 如图 3-95 所示，按压快装接头锁销（箭头 A），拔出发动机进油软管 1。断开喷油器总成插头（箭头 B）。

e. 如图 3-96 所示，旋出燃油导轨总成固定螺栓（箭头），取出燃油导轨总成 1。螺栓

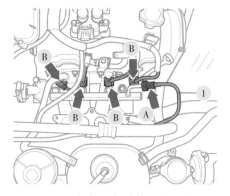

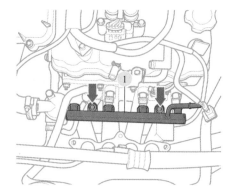

图 3-95　拆卸进气歧管下部总成一　　　图 3-96　拆卸进气歧管下部总成二

拧紧力矩：（16±2）N·m。

f. 如图3-97所示，沿箭头A方向拉出插头卡销。沿箭头B方向按压插头，断开水温传感器插头。旋出水温传感器总成1。水温传感器拧紧力矩：（13±2）N·m。

g. 如图3-98所示，松开卡箍（箭头），脱开膨胀箱回水软管1与进气歧管下部总成连接。

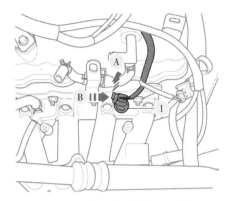

图3-97　拆卸进气歧管下部总成三

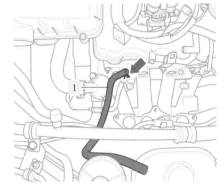

图3-98　拆卸进气歧管下部总成四

h. 如图3-99所示，松开卡箍（箭头B），脱开暖风进水管2与进气歧管下部总成连接。旋出螺栓（箭头A），脱开节温器盖1与进气歧管下部总成连接。螺栓（箭头A）拧紧力矩：（20±5）N·m。

i. 如图3-100所示，旋出进气歧管下部总成固定螺母（箭头A）、固定螺栓（箭头B、箭头C）。取出进气歧管下部总成1。螺母（箭头A、箭头B、箭头C）拧紧力矩：（20±2）N·m。

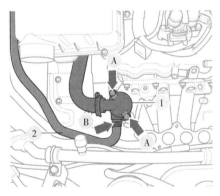

图3-99　拆卸进气歧管下部总成五

图3-100　拆卸进气歧管下部总成六

a. 拆卸进气歧管总成时，要注意保持拆装区域的整洁。

b. 取出进气歧管下部总成后，注意密封进气歧管总成，防止杂质进入孔道。

c. 脱开燃油管路连接位置时，应在连接位置放置抹布，然后小心脱开连接处释放燃油压力。

安装：安装大体以倒序进行。

• 拆卸和安装进气温度压力传感器

拆卸：

a. 关闭点火开关及所有用电器。

b. 如图 3-101 所示，断开蓄电池负极接线柱，断开进气温度压力传感器插头（箭头）。

c. 如图 3-102 所示，旋出进气温度压力传感器固定螺栓（箭头），取出进气温度压力传感器 1。螺栓拧紧力矩：（10±2）N·m。

注意　a. 检查进气歧管内是否有异物，并清除。

　　b. 检查进气歧管连接处是否漏气，必要时更换。

　　c. 更换进气歧管密封圈。

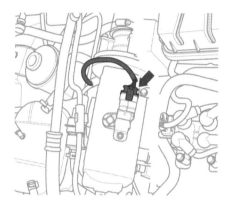

图 3-101　拆卸进气温度压力传感器一

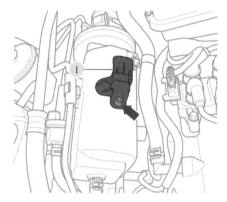

图 3-102　拆卸进气温度压力传感器二

安装：安装大体以倒序进行。

注意　a. 安装前清除进气温度压力传感器上的杂质。

　　b. 更换进气温度压力传感器密封圈。

（4）气门驱动

① 气门驱动的结构　气门是空气进入气缸所经过的最后一个部件，如图 3-103 所示。气门在凸轮轴的驱动下，被摇臂或挺柱打开。气门分为进气门和排气门，为了保证充足的进气，进气门的面积要比排气门的面积大。可燃混合气在经过进气门时遇热会造成不完全燃烧从而会生成积炭。

② 气门的拆卸

• 拆装气门油封

拆卸：

a. 拆卸气缸盖总成，如图 3-104 所示，使用气门弹簧压缩工具压紧气门弹簧。使用镊子或吸棒将气门锁片 1 取出。

b. 如图 3-105 所示，拆下气门弹簧压缩工具，取出气门弹簧

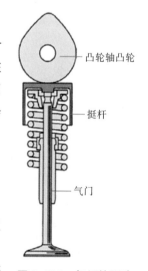

图 3-103　气门的驱动

图 3-104　拆卸气门油封一

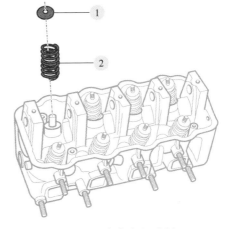

上座1、气门弹簧2。

c. 使用气门油封拔取钳夹紧气门油封，沿气门杆轴向拔出气门油封。

图 3-105　拆卸气门油封二

安装：安装步骤大体以倒序进行。

 注意

a. 安装后，检查油封与气缸盖之间的距离。标准距离：17.3mm。

b. 安装新气门油封前，先将新油封浸泡在机油内5min。

c. 安装时使用机油润滑气门导管。

d. 安装前检查气门弹簧下座是否已经安装。

● 调整气门间隙

拆卸：

a. 关闭点火开关及所有用电器。

b. 断开蓄电池负极接线柱，拆卸手动维修开关，拆卸正时皮带前罩壳。

c. 如图 3-106 所示，检查调整时，使凸轮轴正时皮带轮侧轮缘上的 "·" 标志（箭头 B）正对着后罩壳上端 "↑" 标志（箭头 A）。

d. 使曲轴正时皮带轮键槽（箭头 C）正对着后罩壳下端 "↑" 标志（箭头 D），此时一缸位于压缩上止点。

e. 如图 3-107 所示，使用一字螺丝刀1固定调整螺钉（箭头 B），使用梅花扳手2旋松

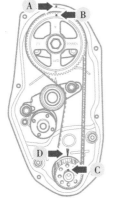

图 3-106　调整气门间隙一

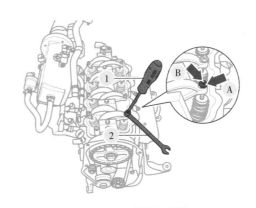

图 3-107　调整气门间隙二

螺母（箭头A），配合塞尺调整1进、1排、2进、3排气门间隙至规定值。

f.顺时针旋转曲轴360°位置（此时四缸位于压缩上止点），调整4进、4排、2排、3进气门间隙。

g.进、排气门间隙规定值：0.13～0.18mm（冷态）；0.23～0.28mm（热态）。

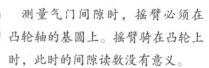

注意 测量气门间隙时，摇臂必须在凸轮轴的基圆上。摇臂骑在凸轮上时，此时的间隙读数没有意义。

安装：安装步骤大体以倒序进行。

（5）凸轮轴

① 凸轮轴的结构　在现在的车型介绍中都会提到SOHC或者DOHC，这都是在描述凸轮轴的特征。OHC表示发动机的凸轮轴安装在发动机的顶部，称为凸轮轴顶置式，凸轮轴的形状如图3-108所示。

凸轮轴的作用是在曲轴正时链或者正时皮带的驱动下，按照一定的顺序定时开启和关闭进排气门。

图3-108　凸轮轴

② 凸轮轴总成的拆装

拆卸：

a.关闭点火开关及所有用电器，断开蓄电池负极接线柱。

b.拆卸手动维修开关，拆卸正时皮带。

c.排放发动机冷却液，排放HEV冷却系统冷却液，回收制冷剂。

d.如图3-109所示，松开卡箍（箭头A），脱开散热器溢气软管1与散热器总成连接。

e.旋松卡箍（箭头B），脱开散热器出水软管2与散热器总成连接。

f.旋松卡箍（箭头C），脱开散热器进水软管3与散热器总成连接。

g.如图3-110所示，使用可弯式喉式管束夹钳松开软管卡箍（箭头A），脱开散热器至水泵冷却软管1与散热器总成连接。

h.使用可弯式喉式管束夹钳松开软管卡箍（箭头B），脱开驱动电动机至散热器冷却软管2与散热器总成连接。

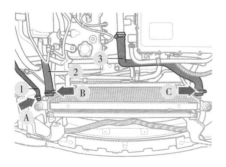

图3-109　拆卸凸轮轴总成一

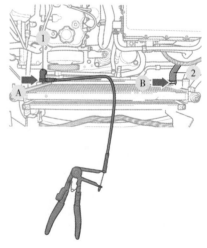

图3-110　拆卸凸轮轴总成二

i. 如图3-111所示，旋出空调排气管总成与冷凝器连接螺栓（箭头），拔出空调排气管总成1，并密封管路接头及冷凝器。螺栓拧紧力矩：（8±1）N·m。

j. 如图3-112所示，旋出高压管路与冷凝器连接螺栓（箭头），拔出高压管路1，并密封管路接头及冷凝器。螺栓拧紧力矩：（8±1）N·m。

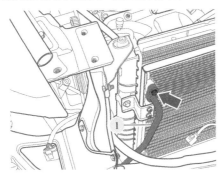

图 3-111　拆卸凸轮轴总成三

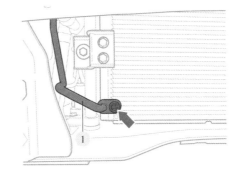

图 3-112　拆卸凸轮轴总成四

k. 如图3-113所示，旋出散热器安装支架固定螺栓（箭头），取出散热器安装支架1，取出散热器带冷凝器总成。螺栓拧紧力矩：（10±2）N·m。

l. 如图3-114所示，旋出凸轮轴齿轮固定螺栓（箭头），取出凸轮轴齿轮1。螺栓拧紧力矩：（60±5）N·m。

m. 如图3-115所示，取出曲轴正时皮带轮1及挡片2。

n. 如图3-116所示，旋出后罩壳焊接总成固定螺栓（箭头A、箭头B），取出后罩壳焊接总成1。螺栓拧紧力矩：（8±2）N·m（箭头A）；（8±2）N·m（箭头B）。

o. 如图3-117所示，拆卸气缸盖罩总成，旋出凸轮轴位置传感器座固定螺栓（箭头），取出凸轮轴位置传感器座1。螺栓拧紧力矩：（16±2）N·m。

p. 如图3-118所示，旋出摇臂轴总成固定螺栓（箭

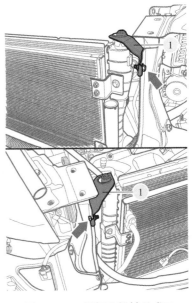

图 3-113　拆卸凸轮轴总成五

图 3-114　拆卸凸轮轴总成六

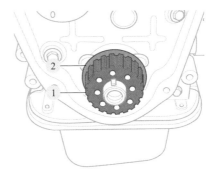

图 3-115　拆卸凸轮轴总成七

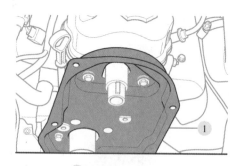

图 3-116 拆卸凸轮轴总成八

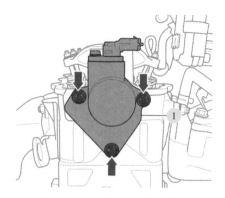

图 3-117 拆卸凸轮轴总成九

提示 拆卸和安装摇臂轴时，要全部旋松气门调整螺钉，但不能卸下。拆下摇臂轴总成时，在摇臂总成上做好标记，以免混淆。

头），拆下摇臂轴总成。螺栓拧紧力矩：（10±2）N·m。

q. 如图3-119所示，旋出十字槽沉头螺钉（箭头），拆下凸轮轴止推板1，取出凸轮轴总成。

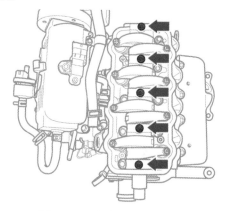

图 3-118 拆卸凸轮轴总成十

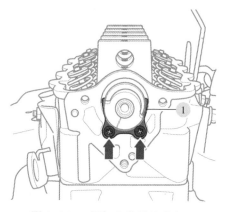

图 3-119 拆卸凸轮轴总成十一

安装：安装步骤大体以倒序进行。

③拆装凸轮轴油封

拆卸：

a. 如图3-121所示，拆卸正时皮带，旋出凸轮轴正时皮带轮固定螺栓（箭头），取出凸轮轴正时皮带轮1。

注意 a. 安装摇臂轴总成时，注意摇臂轴总成缺口端面（箭头A）朝向正时皮带侧，摇臂轴总成螺栓孔（箭头B）朝上（图3-120）。

b. 凸轮轴总成安装完成后，调整正时皮带。凸轮轴总成安装完成后，调整气门间隙。

图 3-120 安装注意

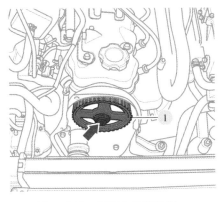

图 3-121　拆卸凸轮轴油封一

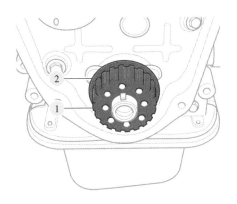

图 3-122　拆卸凸轮轴油封二

螺栓拧紧力矩:（60±5）N·m。

　　b. 如图3-122所示，取出曲轴正时皮带轮1及挡片2。

　　c. 如图3-123所示，旋出后罩壳焊接总成固定螺栓（箭头A、箭头B），取出后罩壳焊接总成1。螺栓拧紧力矩:（8±2）N·m（箭头A）;（8±2）N·m（箭头B）。

　　d. 如图3-124所示，拆下凸轮轴油封1。

　　安装: 安装步骤大体以倒序进行。

　　● 凸轮轴的测量

　　① 测量凸轮轴的圆柱度

　　a. 如图3-125所示，将V形块置于水平表面的工作台上，把凸轮轴置于V形块上。将百分表1安装到百分表磁性表座2上。

　　b. 将百分表的测量杆放置在工作台上，检查凸轮轴3的圆柱度。

　　c. 测量所有凸轮的圆柱度，沿箭头方向转动凸

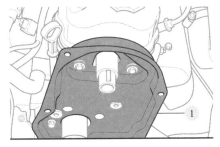

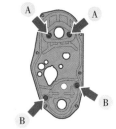

图 3-123　拆卸凸轮轴油封三

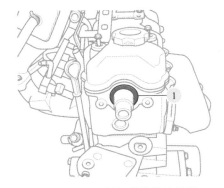

图 3-124　拆卸凸轮轴油封四

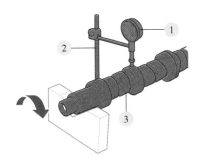

图 3-125　测量凸轮轴圆柱度

轮轴两圈，并从百分表上读出凸轮的圆柱度，每个凸轮测量结果的差值不能超出标准的最大值。圆柱度（标准）：0.008mm。

② 测量凸轮轴凸轮凸角高度　使用外径千分尺（25～50mm）测量凸轮轴凸轮凸角高度，如图3-126所示。

③ 测量凸轮轴轴向间隙　如图3-127所示，将百分表1安装到百分表座2上，将百分表的测量杆顶住凸轮轴的前端，并将百分表设置归零。

轴向推动凸轮轴（不要转动凸轮轴）并从百分表上读出轴向间隙。轴向间隙（新的）：0.1～0.2mm。维修极限：0.3mm。

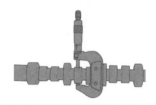

凸轮高度 H	标准/mm	限度/mm
进气凸轮	34.066 ± 0.08	33.986
排气凸轮	33.783 ± 0.08	33.693

图 3-126　测量凸轮轴凸轮凸角高度

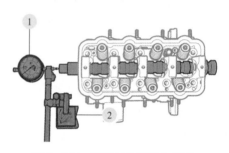

图 3-127　测量凸轮轴轴向间隙

（6）机械挺柱

由于气门的顶部面积小，凸轮轴需要一个媒介来推动并打开气门，这个媒介就是挺杆。挺杆分为机械挺杆和液压挺杆。

安装机械挺杆的车辆考虑到发动机热态时会热胀冷缩，所以在冷态安装挺杆时应预留气门间隙。由于摩擦会造成挺杆磨损，所以使用机械挺杆的发动机需要定期进行气门间隙检查和调整，图3-128为机械挺柱。

（7）液压挺柱

液压挺柱可以自动补偿因热膨胀和磨损引起的尺寸变化，不需调整。液压挺柱如图3-129所示。

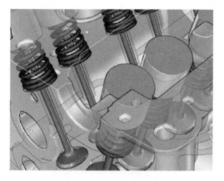

图 3-128　机械挺柱

图 3-129　液压挺柱

3.3.2 排气系统

排气系统包括排气歧管、排气管、催化转化器和消声器。

（1）排气歧管和排气管

排气歧管和发动机的气缸盖相连，如图3-130所示，柴油机的排放系统与汽油机基本一致。

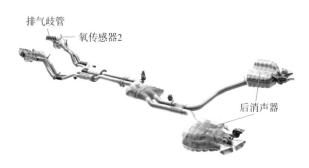

图 3-130　排气歧管和排气管

① 拆卸和安装排气歧管隔热罩

拆卸：

a. 关闭点火开关及所有用电器。

b. 断开蓄电池负极接线柱，拆卸手动维修开关。若发动机处于热态下，待发动机自然冷却。

c. 拆卸进气管总成。

d. 如图3-131所示，旋出散热器进水硬管固定螺栓（箭头），移开散热器进水硬管1。螺栓（箭头）拧紧力矩：（10±2）N·m。

e. 如图3-132所示，旋出排气歧管隔热罩的固定螺栓（箭头），取出排气歧管隔热罩1。螺栓（箭头）拧紧力矩：（10±2）N·m。

安装：安装大体以倒序进行。

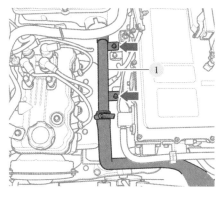

图 3-131　拆卸隔热罩一

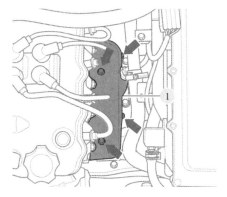

图 3-132　拆卸隔热罩二

② 拆卸和安装排气歧管总成

拆卸：

a. 关闭点火开关及所有用电器。

b. 断开蓄电池负极接线柱，拆卸手动维修开关。若发动机处于热态下，待发动机自然冷却。

c. 拆卸进气管总成，拆卸前氧传感器。

d. 如图3-133所示，旋出排气歧管总成1与催化器总成2连接螺栓（箭头）。螺栓（箭头）拧紧力矩：（25±2.5）N·m。

e. 如图3-134所示，旋出催化器总成1的固定螺栓（箭头），断开催化器总成与排气歧管总成连接。螺栓拧紧力矩：（35±3.5）N·m。

f. 如图3-135所示，旋出排气歧管总成固定螺母（箭头），取出排气歧管总成。螺母拧紧力矩：（20±2）N·m。

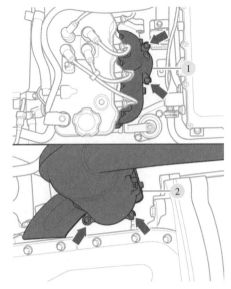

图3-133　拆卸排气歧管总成一

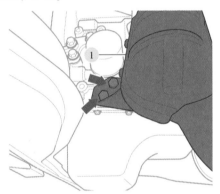

图3-134　拆卸排气歧管总成二

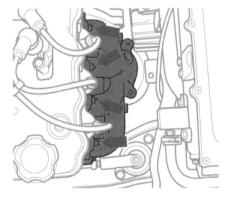

图3-135　拆卸排气歧管总成三

安装：安装大体以倒序进行。

 注意

a. 安装排气歧管之前检查排气歧管平面翘曲度，必要时更换。

b. 清除排气歧管与气缸盖接触面的积炭杂质。

c. 如图3-136所示，每次拆装排气歧管及催化器总成，必须更换排气歧管垫片1及排气歧管总成与催化器总成连接衬垫2。

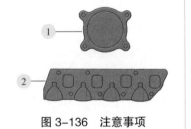

图3-136　注意事项

③ 拆卸和安装前端排气管总成

拆卸：

a. 关闭点火开关及所有用电器。

b.若发动机处于热态下，待发动机自然冷却。

c.如图3-137所示，旋出前端排气管总成1与后端排气管总成2连接螺母（箭头），脱开排气管吊挂软垫3。螺母拧紧力矩：（35±3.5）N·m。

d.如图3-138所示，旋出前端排气管总成与催化器总成连接螺母（箭头）。

提示 在拆装排气管吊挂软垫时，先用润滑油在吊挂软垫与硬性支架连接处进行润滑，以顺利完成拆装。

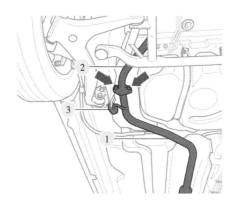

图3-137 拆卸前端排气管总成一

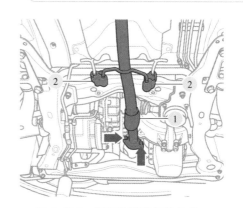

图3-138 拆卸前端排气管总成二

e.脱开排气管吊挂软垫2，取出前端排气管总成1。螺母拧紧力矩：（35±3.5）N·m。

安装：安装大体以倒序进行。

④拆卸和安装前氧传感器

拆卸：

a.关闭点火开关及所有用电器。

注意 更换衬垫。前端排气管总成安装完后，检查管路连接部位密封是否良好，如有废气泄漏，检查连接部位螺栓、螺母拧紧力矩，如有必要更换损坏零部件。

b.断开蓄电池负极接线柱，拆卸手动维修开关，拆卸排气歧管隔热罩。

c.如图3-139所示，断开前氧传感器插头（箭头）。

d.如图3-140所示，使用扳手1旋出前氧传感器2。拧紧力矩：（44±6）N·m。

安装：安装大体以倒序进行。

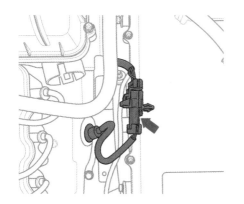

图3-139 拆卸前氧传感器一

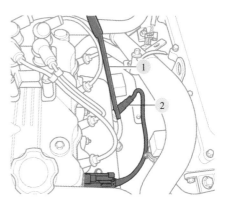

图3-140 拆卸前氧传感器二

注
意

a. 氧传感器一般使用氧化锆（一种陶瓷材料）作为传感器元件。因为陶瓷硬而脆，甚至多次剧烈清洗都会使其脆裂，所以请勿用扳手或其他硬物敲打碰撞，避免损坏。

b. 不能使用受过撞击的氧传感器。

⑤ 拆卸和安装后氧传感器

拆卸：

a. 关闭点火开关及所有用电器。

b. 断开蓄电池负极接线柱，沿箭头A方向拉出插头卡扣，断开后氧传感器插头（箭头B）。

c. 如图3-142所示，使用工具1拆下后氧传感器2。拧紧力矩：（44±6）N·m。

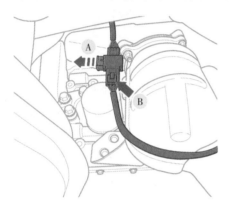

图 3-141　拆卸后氧传感器一

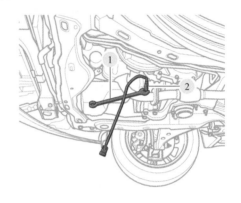

图 3-142　拆卸后氧传感器二

安装：安装大体以倒序进行。

（2）催化转化器

① 催化转换器的结构　催化转换器（三元催化器）位于排气系统中间，清除废气中有害成分，如图3-143所示。

如果发动机燃烧不好，例如冒黑烟这样的情况，会加重催化转化器的工作负荷，使催化转化器容易产生高温，从而减少使用寿命。

柴油机废气成分与汽油机废气成分有一定区别，所以在废气催化转化处理上与汽油机也有所差别。

② 催化转化器的拆装

拆卸：

a. 关闭点火开关及所有用电器。

b. 断开蓄电池负极接线柱。若发动机处于热态下，待发动机自然冷却。

c. 拆卸后氧传感器，拆卸排气歧管隔热罩。

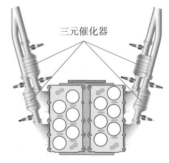

三元催化器

图 3-143　催化转化器

图 3-144　拆卸催化转化器一

d. 如图 3-144 所示，旋出排气歧管总成 1 与催化器总成 2 连接螺栓（箭头）。螺栓拧紧力矩：（25±2.5）N·m。

e. 如图 3-145 所示，旋出催化器总成 1 与前端排气管总成 2 连接螺母（箭头）。螺母拧紧力矩：（50±5）N·m。

> **提示** 不要打开空调管路。

f. 如图 3-146 所示，旋出催化器总成固定螺栓（箭头），取出催化器总成 1。螺栓拧紧力矩：（35±3.5）N·m。

安装：安装大体以倒序进行。

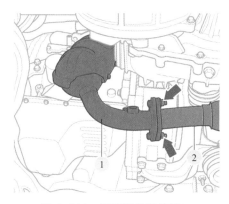

图 3-145　拆卸催化转化器二

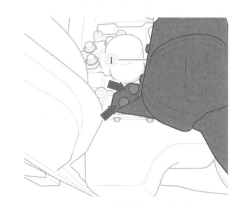

图 3-146　拆卸催化转化器三

> **注意** 更换衬垫。催化器总成安装完后，检查管路连接部位密封是否良好，如有废气泄漏，检查连接部位螺栓、螺母拧紧力矩，如有必要，更换损坏零部件。

（3）消声器

① 消声器的结构　消声器通过降低废气的压力和温度来消声，如图 3-147 所示。

② 消声器拆装

拆卸：

a. 关闭点火开关及所有用电器。

b. 若发动机处于热态下，待发动机自然冷却。

c. 如图 3-148 所示，旋出前端排气管总成 1 与后端排气管总成 2 连接螺母（箭头）。螺母拧紧力矩：

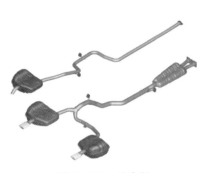

图 3-147　消声器

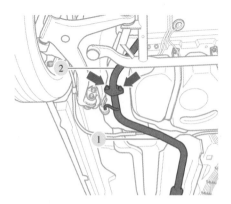

图 3-148　拆卸消声器一

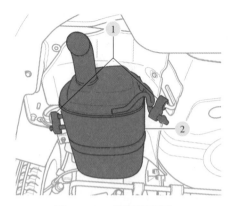

图 3-149　拆卸消声器二

（35±3.5）N·m。

d. 如图3-149所示，脱开排气管吊挂软垫1，取出后端排气管带消声器总成2。

安装：安装大体以倒序进行。

　在拆装排气管吊挂软垫时，先用润滑油在吊挂软垫与硬性支架连接处进行润滑，以顺利完成拆装。

　后端排气管带消声器总成安装完后，检查管路连接部位密封是否良好，如有废气泄漏，检查连接部位螺栓、螺母拧紧力矩，如有必要，更换损坏零部件。

3.3.3　增压系统

现在很多车型在车尾都有1.8 T、2.0 T之类的标识，这里面的T表示该车采用了涡轮增压系统。

图3-150中的涡轮增压器是利用发动机排出的废气作为动力来推动涡轮室内的涡轮（位于排气道内），涡轮又带动同轴的位于进气道内的叶轮，叶轮压缩进气管里面的新鲜空气，再将已增压的空气送入气缸。

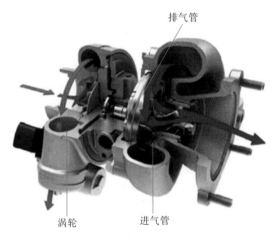

排气管

涡轮　　进气管

图 3-150　涡轮增压器

涡轮增压发动机的最大优点是它可在不增加发动机排量的基础上，大幅度提高发动机的功率和扭矩。发动机功率可增加大约40％甚至更多。

　带有涡轮增压器的发动机启动后在怠速运转时，不可以立刻大油门操作，必须等到增压器内的机油压力建立之后，才可以进行加油门的操作。

涡轮增压器的拆卸：

① 举升车辆，拆下下部发动机护板，排出冷却液。

② 松开图3-151中箭头指示的空气导流管软管卡箍，拔下空气导流管并转到旁边。

③ 拧出前消声器固定螺栓，松开图3-152中箭头所示的螺栓连接，并将夹套向后推，将前消声器略微降低并错开，然后用扎带和排气管固定在一起。

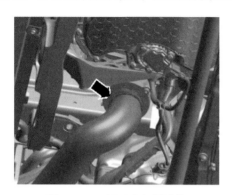

图 3-151　拆下空气导流管

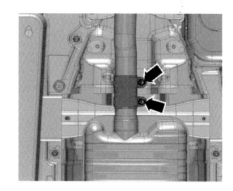

图 3-152　消声器夹套

④ 如图3-153所示，从车下拧下螺母2，螺母1此步骤不拧下。

⑤ 如图3-154所示，拧出机油回流管固定螺栓1，将支架的紧固螺栓2拧松两圈，不要取下。

注意步骤①~⑤均在车辆举升的情况下进行。

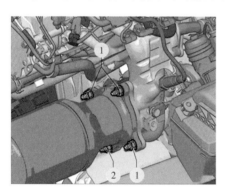

图 3-153　从下面拧下螺母2

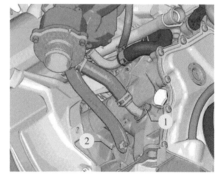

图 3-154　拆机油回油管固定螺栓

⑥ 降下车辆，拆下发动机盖板，断开蓄电池负极连接导线，拆卸空气滤清器壳体。

⑦ 如图3-155所示，从支架上取出并脱开氧传感器2的插接器1。

⑧ 将曲轴箱排气管的紧固螺栓从废气涡轮增压器上拧出。

⑨ 断开增压压力调节器、涡轮增压器循环空气阀的插接器。

⑩ 在发动机舱内旋出图3-153中的螺母1，并向后推三元催化净化器。

⑪ 拆卸前氧传感器处的排气管隔热板紧固螺栓，并将隔热板取下。

⑫ 如图3-156所示，拧出冷却液回流管路紧固螺栓1并取下；旋出进油管路螺栓2，

图 3-155　断开氧传感器插接器

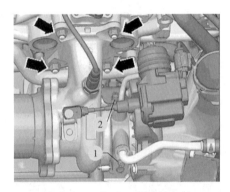

图 3-156　拆进、回油管螺栓

并取下进油管。最后拧出并取下箭头所指示的螺母。

⑬将图3-157中的冷却液进液管路的紧固螺栓1松开，并拔下冷却液进液管路2，沿图中箭头方向将涡轮增压器拔离双头紧固螺栓，并向上取出涡轮增压器。

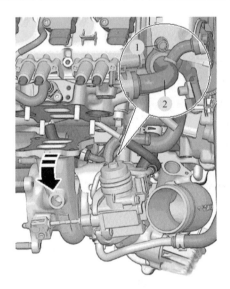

图 3-157　拆下涡轮增压器

3.4 冷却系统

在发动机的燃烧过程中会产生大量的热量，过多的热量会造成发动机温度过高，燃油消耗量大，机油变质，磨损加剧，所以需要有冷却系统来控制发动机的温度，如图3-158所示。

（1）冷却系统的作用

冷却系统的作用是使发动机在工作时保持在一个比较稳定的温度范围内。图3-159为冷却液在发动机的流动路径。温度太低也会造成发动机机油颗粒过大，加剧发动机零件的磨损，同时发动机燃油利用率低，造成发动机动力不足。温度太高易造成机油变质，发动机零件磨损加剧，同时会造成燃油消耗过高。

图3-158　发动机的冷却系统

图3-159　冷却液在发动机内的流动路径

另外，冷却系统充分利用发动机产生的热量，为汽车的暖风系统提供热源。如果发动机的温度不高，暖风系统就没有热风。

（2）冷却系统的组成

如图3-160所示，冷却系统一般由节温器、水泵、散热器、膨胀箱、机油冷却器、气缸体水道、暖风水箱、水管、电子风扇组成。

① 拆卸和安装膨胀箱总成

拆卸：

a. 关闭点火开关及所有用电器。

b. 如图3-161所示，将膨胀箱的冷却液排放干净，松开卡箍（箭头），脱开膨胀箱回水软管1、散热器溢气软管2与膨胀箱总成连接。

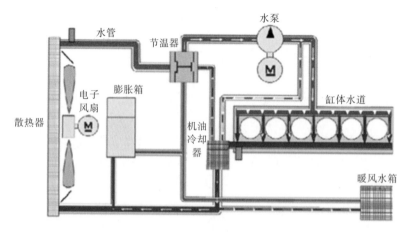

图 3-160　冷却系统的组成

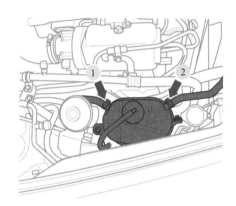

图 3-161　拆卸膨胀箱总成一

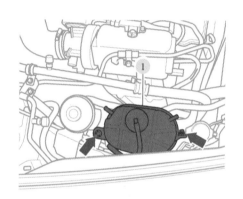

图 3-162　拆卸膨胀箱总成二

c. 如图3-162所示，旋出膨胀箱1的固定螺栓（箭头）。螺栓拧紧力矩：（8±1.6）N·m。

d. 如图3-163所示，松开卡箍（箭头），脱开膨胀箱出水软管1与膨胀箱总成连接，取出膨胀箱总成2。

安装：安装大体以倒序进行。

② 拆卸和安装水温传感器

拆卸：

a. 关闭点火开关及所有用电器。

b. 断开蓄电池负极接线柱，拆卸手动维修开关。

c. 如图3-164所示，沿箭头A方向拉出插头锁销，沿箭头B方向按压水温传感器插头，断开水温传感器插头连接。

d. 如图3-165所示，旋出水温传感器1。水温传感器拧紧力矩：（13±2）N·m。

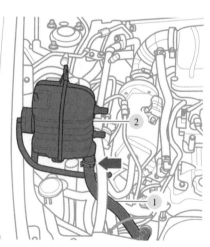

图 3-163　拆卸膨胀箱总成三

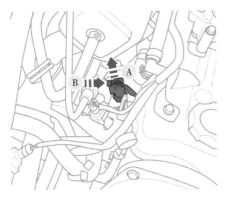

图 3-164　拆卸水温传感器一

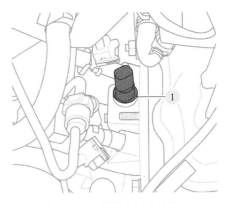

图 3-165　拆卸水温传感器二

 提示　旋出水温传感器前，在下方放置规定的容器收集冷却液。

安装：安装大体以倒序进行。

③ 拆卸和安装节温器总成

拆卸：

a. 关闭点火开关及所有用电器。

 注意　如图 3-166 所示，安装时在传感器的 a 区域内涂抹密封胶。a 的标准宽度为（3±1）mm。

检查冷却液液位，必要时添加冷却液。

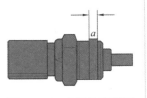

图 3-166　安装注意事项

b. 断开蓄电池负极接线柱，拆卸手动维修开关，拆放冷却液，拆卸空气管总成。

c. 如图 3-167 所示，旋出节温器盖 1 固定螺栓（箭头）。螺栓拧紧力矩：（20±5）N·m。

d. 如图 3-168 所示，取出节温器总成 1。

图 3-167　拆卸节温器总成一

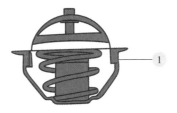

图 3-168　拆卸节温器总成二

安装：安装大体以倒序进行。

④ 拆卸和安装水泵皮带

 注意　每次拆装须更换节温器盖密封垫。

拆卸：

a.关闭点火开关及所有用电器。

b.断开蓄电池负极接线柱，拆卸手动维修开关，拆卸电子风扇总成。

c.如图3-169所示，使用工具拆下水泵皮带1。

安装：安装大体以倒序进行。

⑤拆卸和安装水泵

拆卸：

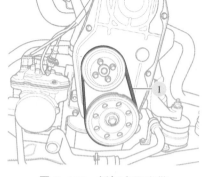

图 3-169　拆卸水泵皮带

a.如图3-170所示，排放冷却液，拆卸正时皮带，旋出凸轮轴正时皮带轮固定螺栓（箭头），取出凸轮轴正时皮带轮1。螺栓拧紧力矩：（60±5）N·m。

b.如图3-171所示，取出曲轴正时皮带轮1及挡片2。

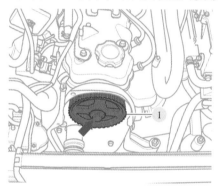

图 3-170　拆卸水泵一

图 3-171　拆卸水泵二

c.如图3-172所示，旋出后罩壳焊接总成固定螺栓（箭头A、箭头B），取出后罩壳焊接总成1。螺栓拧紧力矩：（8±2）N·m（箭头A）；（8±2）N·m（箭头B）。

d.如图3-173所示，旋出水泵固定螺栓（箭头A、箭头B）、固定螺母（箭头C），取出

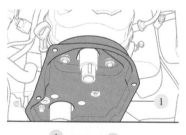

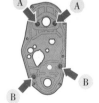

图 3-172　拆卸水泵三

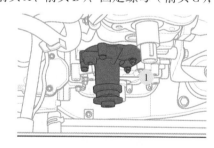

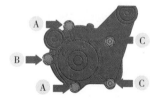

图 3-173　拆卸水泵四

水泵总成1。螺栓拧紧力矩：（10±2）N·m（箭头A）；（10±2）N·m（箭头B）；（10±2）N·m（箭头C）。

安装：安装大体以倒序进行。

注意
a. 如图3-174所示，更换水泵密封垫1。

b. 安装水泵前，必须在水泵固定螺栓的螺纹上涂抹密封胶，避免冷却液泄漏。

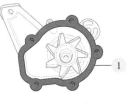

图3-174 注意事项

⑥ 拆卸和安装发动机进水管

拆卸：

a. 关闭点火开关及所有用电器。

b. 断开蓄电池负极接线柱，拆卸手动维修开关，排放冷却液，拆卸右前轮挡泥板。

c. 如图3-175所示，旋松卡箍（箭头B），脱开散热器出水软管1与进水管连接。松开卡箍（箭头A），脱开暖风出水软管2、膨胀箱出水软管3与进水管连接。

d. 如图3-176所示，旋出进水管固定螺栓（箭头），取出进水管1。螺栓（箭头）拧紧力矩：（10±2）N·m。

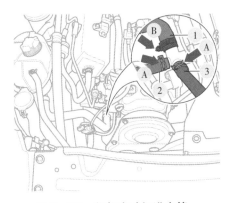

图3-175 拆卸发动机进水管一

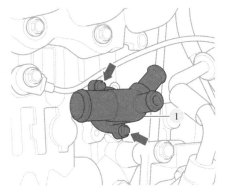

图3-176 拆卸发动机进水管二

安装：安装大体以倒序进行。

⑦ 拆卸和安装电子风扇总成

拆卸：

a. 关闭点火开关及所有用电器。

b. 断开蓄电池负极接线柱，拆卸手动维修开关，拆卸进气管总成。

注意
如图3-177所示，每次拆装须更换进水管垫片1。

图3-177 拆装注意事项

c. 如图3-178所示，旋出螺栓（箭头），取出中央上部格栅总成1。螺栓拧紧力矩：（10±2）N·m。

d. 如图3-179所示，断开喇叭插头（箭头A），断开发动机罩开启传感器插头（箭头B）。断开室外温度传感器插头（箭头C）。

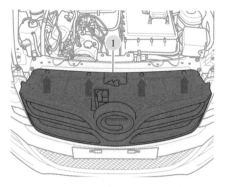

图 3-178　拆卸电子风扇总成一

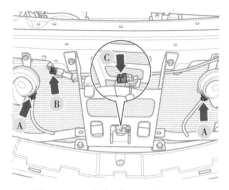

图 3-179　拆卸电子风扇总成二

e. 如图3-180所示，断开电子风扇插头（箭头 A）、电子风扇电阻（箭头 B）。

f. 如图3-181所示，按压线束固定卡扣（箭头 C），旋出固定螺栓（箭头 A、箭头 B），取出支架1。螺栓拧紧力矩：（21±5）N·m。

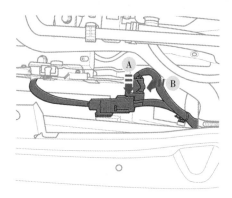

图 3-180　拆卸电子风扇总成三

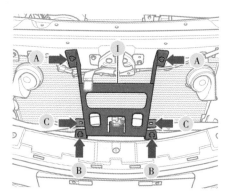

图 3-181　拆卸电子风扇总成四

g. 如图3-182所示，旋出固定螺栓（箭头），移开发动机罩锁总成1。螺栓拧紧力矩：（10±2）N·m。

h. 如图3-183所示，旋出螺栓（箭头），脱开导流板与散热器上横梁连接。螺栓拧紧力矩：（10±2）N·m。

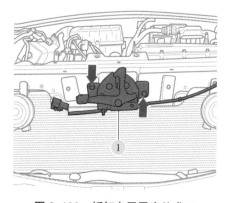

图 3-182　拆卸电子风扇总成五

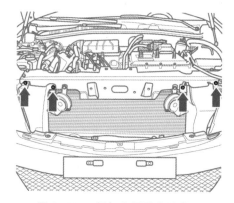

图 3-183　拆卸电子风扇总成六

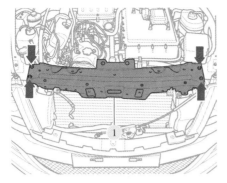

图 3-184　拆卸电子风扇总成七

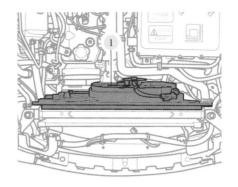

图 3-185　拆卸电子风扇总成八

i. 如图 3-184 所示，旋出散热器上横梁固定螺栓（箭头），取出散热器上横梁 1。螺栓拧紧力矩：（21±5）N·m。

j. 如图 3-185 所示，旋出电子风扇总成固定螺母，取出电子风扇总成 1。螺母拧紧力矩：（10±2）N·m。

安装：安装大体以倒序进行。

⑧ 拆卸和安装散热器总成

拆卸：

a. 关闭点火开关及所有用电器。

b. 断开蓄电池负极接线柱，拆卸手动维修开关。

c. 排放冷却液，拆卸电子风扇总成。

d. 如图 3-186 所示，松开卡箍（箭头 A），脱开散热器溢气软管 1 与散热器总成连接。

e. 旋松卡箍（箭头 B），脱开散热器出水软管 2 与散热器总成连接。

f. 旋松卡箍（箭头 C），脱开散热器进水软管 3 与散热器总成连接。

g. 如图 3-187 所示，使用可弯式喉式管束夹钳松开软管卡箍（箭头 A），脱开散热器至水泵冷却软管 1 与散热器总成连接。

h. 使用可弯式喉式管束夹钳松开软管卡箍

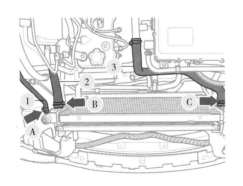

图 3-186　拆卸散热器总成一

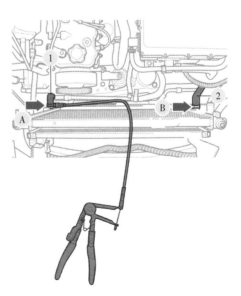

图 3-187　拆卸散热器总成二

（箭头B），脱开驱动电动机至散热器冷却软管2与散热器总成连接。

i. 如图3-188所示，旋出固定螺栓（箭头A），取出散热器安装支架1，旋出冷凝器固定螺栓（箭头B）。螺栓拧紧力矩：（8±2）N·m（箭头A）；（8±2）N·m（箭头B）。

j. 如图3-189所示，旋出冷凝器总成固定螺栓（箭头）。螺栓拧紧力矩：（8±2）N·m。

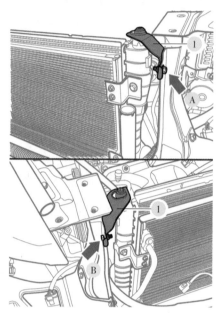
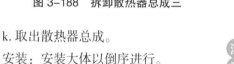

图 3-188　拆卸散热器总成三

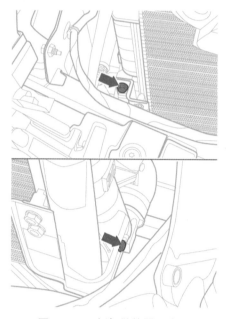

图 3-189　拆卸散热器总成四

k. 取出散热器总成。

安装：安装大体以倒序进行。

（3）冷却液的作用

注意：
a. 各管路连接完后，添加冷却液。
b. 检查冷却系统密封性。

汽车冷却液实际是在软化水中按比例添加一定量的化学制剂，达到冬季防冻、夏季防沸且能防腐蚀、防锈、防水垢等作用的混合液体。

在汽车维护中，散热器水箱中加入的是冷却液而不是自来水，原因是避免产生水垢，增强冷却液的导热能力。汽车冷却液由于配料的不同，所以显示不同的颜色，这也方便查找冷却液的泄漏点。图3-190为冷却液。

（4）冷却液的种类

目前冷却液按照冰点分为25、30、35、40、45、50共6种类型。

（5）冷却液的加注

① 冷却液加注与排放的注意事项

图 3-190　冷却液

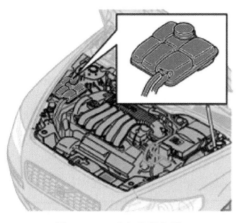

图3-191 冷却液的加注

a.冷却液的加注口有的在散热器上，有的在膨胀箱，如图3-191所示。

b.对于更换防冻液后的液位检查，需要在发动机达到正常工作温度后进行。

c.防冻液的液位必须保持在副水箱上的最大刻度与最小刻度之间。如发现防冻液的液位较低，应及时添加。

d.打开膨胀箱盖可能会有热蒸汽溢出，请做好防护措施以免伤害眼睛和烫伤皮肤，打开膨胀箱盖前先用抹布盖住膨胀箱盖，再小心地旋开。

② 发动机冷却液排放

a.关闭点火开关及所有用电器。

b.拆卸发动机下护板，将用于收集冷却液的容器放置在散热器底部。

c.如图3-192所示，沿箭头方向旋出膨胀箱盖1。

d.如图3-193所示，旋松卡箍（箭头），脱开散热器出水软管1与散热器总成连接，排放冷却液。

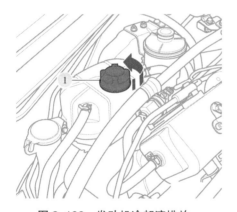

图3-192 发动机冷却液排放一

图3-193 发动机冷却液排放二

e.如图3-194所示，将冷却系统测试工具系统接头2连接到膨胀箱上。

f.将冷却系统测试工具测试表1连接到冷却系统测试工具系统接头2上，并利用冷却系统测试工具测试表1往冷却系统施加一定的压力，排出冷却液。

③ 发动机冷却液的加注

a.连接散热器出水软管，拧紧散热器出水软管固定卡箍。

b.如图3-195所示，缓慢添加冷却液至膨胀箱的上部标记MAX处。旋紧膨胀箱盖1。

c.关闭空调，启动发动机将发动机转速提升至2000 r/min，并保持冷却风扇开启，观察冷却液液位，并在必要时补充冷却液，使之处于标记MAX及MIN之间。

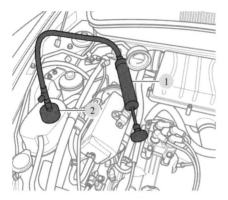

图 3-194　发动机冷却液排放三

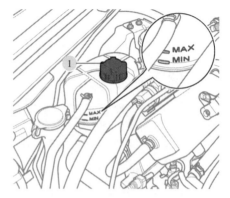

图 3-195　加注发动机冷却液

提示

　　a. 请勿随意稀释冷却液。冷却液不能重复使用、混合使用，也不能更换不同颜色的冷却液。

　　b. 冷却液：DF6，35℃防冻液，加注量为5L。

　　c. 冷却液可以防止霜冻、腐蚀损坏和结垢，此外还能提高沸点，因此冷却液必须按标准加注。

　　d. 在寒冷的北方，必须保证防冻温度低至约25℃（有的地方低至约35℃）。

　　e. 冷却液添加剂与水的比例至少1∶1，标准大气压（101 kPa）下，冷却液沸点不低于107℃，冰点不高于35℃。

润滑系统

发动机在高速运转时，机械部件的接触面会发生激烈的摩擦，长时间使用必然会造成零件的磨损。润滑系统可以在机械部件的表面形成油膜来减少部件之间的摩擦，保证部件的正常运转。机油在系统中的流动路径如图3-196所示。

涡轮增压器

机油泵

主油道　机油喷嘴

——机油滤清器过滤后的机油　——未经机油滤清器过滤的机油

图 3-196　润滑系统的流动路径

3.5.1　机油的作用

机油在润滑系统中的作用有以下几点。

① 润滑：在零部件表面形成油膜。

② 冷却：机油冲刷高速运转的部件，降低部件的表面温度。

③ 清洗：机油在流动过程中，把磨损的金属颗粒清洁收集到油底壳。

④ 密封：如图3-197所示，可以在有的部件（活塞环与缸筒）间隙之间起到密封的作用。

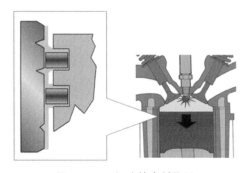

图 3-197　机油的密封作用

3.5.2 机油的分类

机油的更换是汽车保养时经常作业的项目，更换机油前要分清机油的等级，选择合适的机油。机油等级有两种划分方法：黏度等级一般采用国际SAE等级划分，机油质量的等级按API等级划分。

（1）机油SAE等级

SAE等级是美国工程师协会按照机油的黏度对机油划分的等级，如图3-198所示。

黏度有单级型和多级全天候型。

例如：SAE 5W30，其中W表示冬季；5为低温黏度，5W表示适于环境温度-30℃；30为机油耐高温指标。

（2）机油API等级

API是美国石油学会对机油质量等级划分的标准。

"S"代表汽油机用油，"C"代表柴油机用油。

如图3-199所示，S后面的字母，按照英文字母的顺序越靠后，表示机油等级越高。Q表示机油的质量。

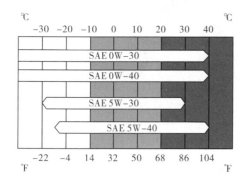

图3-198　机油 SAE 等级

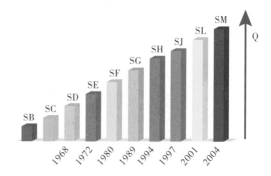

图3-199　汽油机用油 API 等级

3.5.3 润滑系统的组成

如图3-200所示，润滑系统主要由机油滤清器、气缸盖主油路、主油道机油泵等组成。带有涡轮增压器的发动机还有涡轮增压油路以及用于机油冷却的冷却器等。

（1）机油泵

机油泵的作用是把机油从油底壳送到发动机需要润滑的位置，其位置在油底壳里面或者套在曲轴上面。图3-201中的机油泵就是安装在油底壳里面由曲轴驱动的。

① 机油泵的拆装

拆卸：

a.拆卸发动机动力总成。

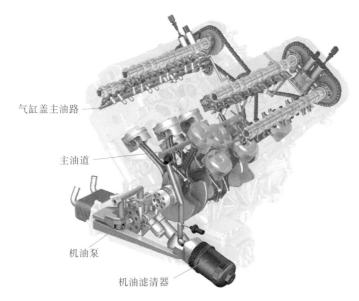

气缸盖主油路

主油道

机油泵

机油滤清器

图 3-200　润滑系统的组成

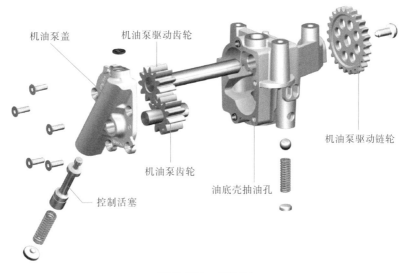

机油泵盖

机油泵驱动齿轮

机油泵驱动链轮

机油泵齿轮

油底壳抽油孔

控制活塞

图 3-201　机油泵

b. 分离发动机与发电机，拆卸正时皮带。

c. 拆卸油底壳总成，拆卸机油集滤器。

d. 如图 3-202 所示，旋出机油泵总成固定螺栓（箭头 A、箭头 B、箭头 C），取出机油泵总成 1。螺栓拧紧力矩：（10±2）N·m（箭头 A）；（10±2）N·m（箭头 B）；（10±2）N·m（箭头 C）。

安装：安装大体以倒序进行。

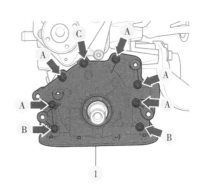

图 3-202　拆卸机油泵

注意

a. 更换曲轴前油封。

b. 如图3-203所示，更换机油泵密封垫1。

c. 如图3-204所示，安装机油泵总成时，须对准机油泵转子与曲轴的接触面（箭头）。

d. 安装机油泵前，先用润滑油润滑前油封口部。

e. 如图3-205所示，安装时注意气缸体平面2与机油泵平面1处于同一水平面上。

图 3-203　拆装机油泵注意事项一

图 3-204　拆装机油泵注意事项二

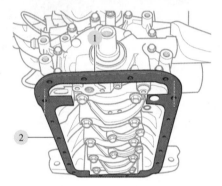

图 3-205　拆装机油泵注意事项三

② 检测机油泵总成

a. 测量内转子和月牙卡铁之间的径向间隙　如图3-206所示，使用塞尺测量内转子（箭头B）和月牙卡铁（箭头A）之间的径向间隙。

如果内转子至月牙卡铁的径向间隙超出维修极限，则更换机油泵总成。标准径向间隙（新）：0.60～0.80mm。

b. 测量外转子和月牙卡铁之间的径向间隙　如图3-207所示，使用塞尺测量外转子（箭头A）和月牙卡铁（箭头B）之间的径向间隙。

图 3-206　检测机油泵总成一

如果外转子至月牙卡铁之间的径向间隙超出维修极限，则更换机油泵总成。标准径向间隙（新）：0.25～0.40mm。维修极限：0.7mm。

c. 测量转子和泵壳体之间轴向间隙　如图3-208所示，使用精密直尺1和塞尺2测量转子（箭头A）和泵壳体平面（箭头B）之间的轴向间隙。

如果泵壳体至转子之间的轴向间隙超出维修极限，更换机油泵总成。维修极限：0.17mm。

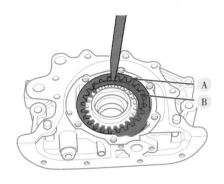

图 3-207　检测机油泵总成二

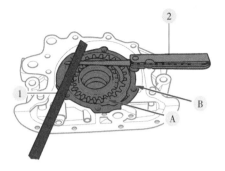

图 3-208　检测机油泵总成三

　　d. 测量外转子和泵壳体之间的径向间隙　如图3-209所示，使用塞尺测量外转子（箭头B）和泵壳体（箭头A）之间的径向间隙。

　　如果泵壳体至外转子的径向间隙超出维修极限，更换机油泵总成。维修极限：0.3mm。

　　（2）机油集滤器和机油滤清器

　　进行润滑系统保养和维修操作时，更换机油滤清器和检查机油集滤器是必要的工作项目。这是因为机油滤清器要过滤掉机油里面的机械杂质和胶质，保持润滑油的清洁，所以需要按照要求定期更换。机油滤清器如图3-210所示。

图 3-209　检测机油泵总成四

　　① 拆卸　如图3-211所示，拆卸油底壳；旋出机油集滤器总成固定螺栓（箭头），取下机油集滤器总成1。螺栓（箭头）拧紧力矩：（10±2）N·m。

图 3-210　机油滤清器

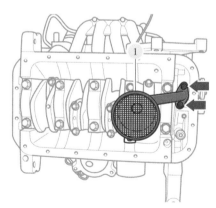

图 3-211　拆卸机油集滤器

　　② 安装　安装大体以倒序进行。

　　（3）机油加注口和机油尺

汽车保养时，机油从加注口注入。机油加注口就在发动机气门室罩上面，如图3-213

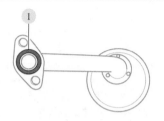

注意 a. 如图3-212所示，更换机油集滤器O形密封圈1。

b. O形密封圈1不能漏装，否则机油会在该处结合面泄漏，机油集滤器总成发挥不了作用。

图 3-212　注意事项

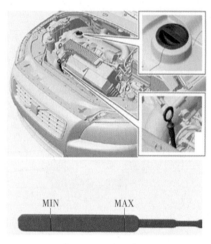

图 3-213　机油加注口和机油尺检测

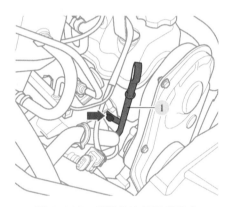

图 3-214　拆卸机油尺导管总成

所示。加注机油之后，需要通过机油尺来检查机油液位是否保持在MAX（最高）和MIN（最低）标记之间。

① 拆卸和安装机油尺导管总成

拆卸：

a. 关闭点火开关及所有用电器。

b. 如图3-214所示，旋出机油尺导管总成固定螺栓（箭头），取出机油尺导管总成1。螺栓拧紧力矩：（19±2）N·m。

安装：安装大体以倒序进行。

② 检查机油油位

检测条件：

a. 车辆停在水平地面上。

b. 发动机水温不低于60℃。

c. 发动机油底壳没有变形。

d. 发动机停转后，等待10min，使机油回流到油底壳内。

检查步骤：

注意 如图3-215所示，更换机油尺导管O形密封圈1。

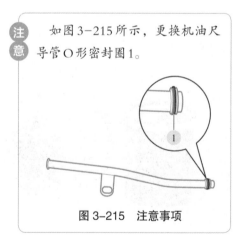

图 3-215　注意事项

a. 如图3-216所示，拉出机油尺总成1，用抹布擦干机油尺总成，再将机油尺总成重新插入并推到底部，稍作停留。再次拔出机油尺总成1，并读出机油油位。

b. 如图3-217所示，油尺上的标记：A最高标记；B最低标记；油量在A点至B点之间为正常；高于A点，需排放机油至A点与B点之间；低于B点，需添加机油至A点与B点之间。

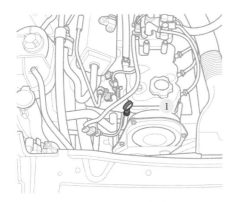

图 3-216　检查机油油位一

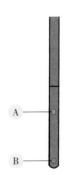

图 3-217　检查机油油位二

3.6 汽油机燃油供给系统

　　燃油系统的作用是根据进气量的多少向发动机供应燃油，并调节燃油供给量。燃油系统工作的好坏会影响发动机的正常工作。汽油机燃油喷射系统如图3-218所示。

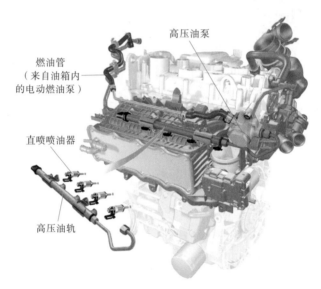

图3-218　汽油机燃油喷射系统

3.6.1 燃油供给系统组成

　　汽油机的燃油系统分为低压系统和高压系统。低压系统的作用是把汽油从油箱输送到高压油泵；高压系统的作用是对低压汽油进行加压，然后再通过油轨输送到喷油器。图3-219所示为缸内直喷汽油发动机燃油高低压系统组成。

（1）燃油泵

　　燃油泵一般安装在油箱里面，如图3-220所示。主要作用是把汽油输送到高压油泵。为保证清洁的燃油供应，在燃油泵的抽油口处还会安装一个过滤网。

　　① 燃油泵的拆装

　　拆卸：

　　a. 关闭点火开关及所有用电器。

　　b. 断开蓄电池负极接线柱，拆卸手动维修开关，拆卸后排坐垫。

　　c. 如图3-221所示，旋出固定螺钉（箭头），取出盖板1。

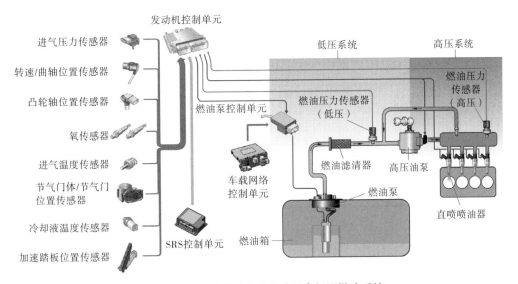

图 3-219　缸内直喷汽油发动机高低压燃油系统

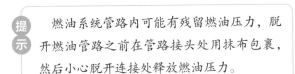

图 3-220　燃油泵

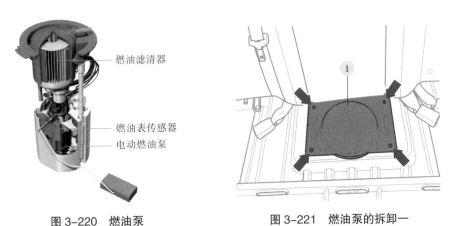

图 3-221　燃油泵的拆卸一

d. 如图 3-222 所示，断开燃油泵插头（箭头 A），按压快装接头锁销（箭头 B、箭头 C），脱开燃油供油软管 1 和燃油回油软管 2。

> 提示　燃油系统管路内可能有残留燃油压力，脱开燃油管路之前在管路接头处用抹布包裹，然后小心脱开连接处释放燃油压力。

e. 脱开燃油管路连接位置后，须将暴露在外界的管路包扎密封起来，防止杂质进入燃油系统内。

f. 如图 3-223 所示，使用燃油泵安装盖拆装工具 1 旋出燃油泵安装盖。

g. 如图 3-224 所示，小心地将燃油泵总成 1 从油箱内取出。

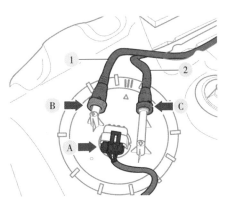

图 3-222　燃油泵的拆卸二

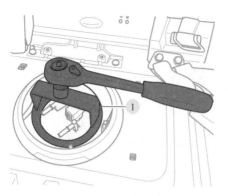

图 3-223　燃油泵的拆卸三

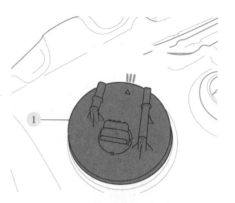

图 3-224　燃油泵的拆卸四

h. 取出燃油泵总成的过程中，应确保不损坏线束和燃油软管，不得弯折燃油液位传感器的浮子臂。

安装：安装大体以倒序进行。

提示　取出燃油泵总成时，必须戴上防护手套。

注意

如图 3-225 所示，安装燃油泵总成时，注意其上的三角标记（箭头 B）要与燃油箱壳体上标记（箭头 A）对齐，在拧紧燃油泵安装盖时，再次确保标记没有移位。

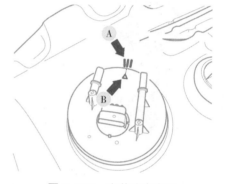

图 3-225　安装注意事项

② 拆装燃油箱总成

拆卸：

a. 关闭点火开关及所有用电器。

b. 断开蓄电池负极接线柱，拆卸手动维修开关，释放燃油系统压力。

c. 拆卸后排座椅坐垫，抽取燃油箱剩余燃油。

d. 如图 3-226 所示，旋出燃油盖板固定螺钉（箭头），取出盖板 1。

e. 如图 3-227 所示，断开燃油泵插头（箭头）。

f. 如图 3-228 所示，旋松卡箍（箭头），脱开加油软管 1 和通气软管 2 与燃油箱总成连接。

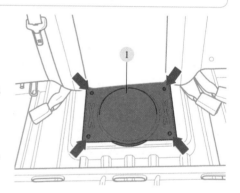

图 3-226　拆卸燃油箱总成一

提示　拆卸加油管总成与燃油箱总成连接管路后，需使用干净的抹布堵住燃油箱管口，以防杂物掉到燃油箱。

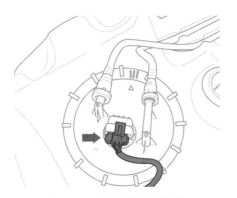

图 3-227　拆卸燃油箱总成二

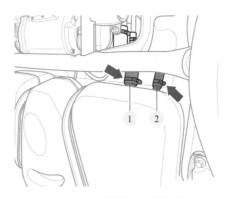

图 3-228　拆卸燃油箱总成三

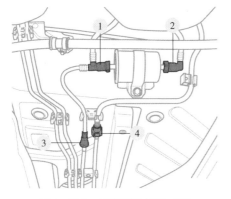

图 3-229　拆卸燃油箱总成四

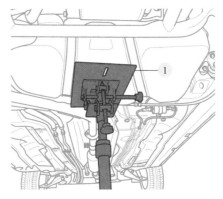

图 3-230　拆卸燃油箱总成五

g. 如图 3-229 所示，按压快装接头锁销，拔出燃油管路接头 1、2、3、4。

h. 如图 3-230 所示，使用举升装置 1 支撑燃油箱总成。

> 提示　脱开燃油管路连接位置后，须将暴露在外界的管路包扎密封起来，防止杂质进入燃油系统内。

i. 如图 3-231 所示，旋出燃油箱安装钢带固定螺栓（箭头）。螺栓拧紧力矩：（25±2）N·m。

j. 如图 3-232 所示，旋出燃油箱安装钢带 1 和 2 的固定螺母（箭头），在另一名维修人

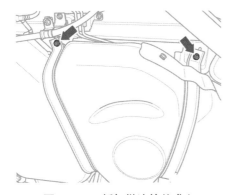

图 3-231　拆卸燃油箱总成六

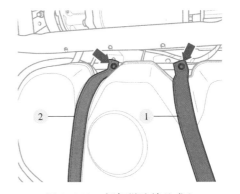

图 3-232　拆卸燃油箱总成七

员的帮助下将举升装置缓慢放下，取出燃油箱总成。螺栓拧紧力矩：（25±2）N·m。

安装：安装大体以倒序进行。

> **注意**
> a. 必须将燃油箱上的各燃油管路复原到原始位置，否则燃油管路会因车身的震动产生摩擦，损坏燃油管路，从而导致燃油泄漏。
> b. 安装燃油管路接头时不要混淆供油管路、回油管路以及通风管路。
> c. 安装燃油箱总成后，检查管路固定是否牢固。
> d. 确保燃油管路与排气管隔热罩之间有足够距离，防止燃油管路过热。

（2）汽油滤清器

汽车保养时，汽油滤清器也是更换的主要项目。汽油滤清器的作用是将汽油中的水分和杂质滤除。长时间使用滤清器会造成滤清器的过滤作用饱和，所以需要按照要求定期更换。汽油滤清器的外形如图3-233所示。

图3-233　汽油滤清器的外形

① 拆卸

a. 关闭点火开关及所有用电器。举升车辆。

b. 如图3-234所示，按压快装接头锁销，脱开燃油回油软管1及燃油供油软管2与燃油滤清器总成3的连接。

c. 旋出燃油滤清器支架固定螺栓（箭头）。取下燃油滤清器3。螺栓拧紧力矩：（9.5±1.9）N·m。

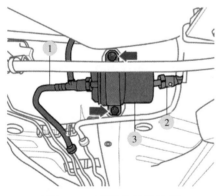

图3-234　拆卸汽油滤清器

> **注意**
> 燃油进油管内储存一定的压力！戴好防护眼镜并穿好防护服以免伤害皮肤。松开软管连接前须在连接处及周围放置抹布，卸除压力后小心地拔出软管。

② 安装　大体以倒序进行。

（3）燃油加油管

燃油箱加油管连接燃油加注口和燃油箱。一般油箱加油管相关的塑料管都是增加了防静电剂的材料，可以防止摩擦产生静电，造成爆炸。燃油加油管在燃油箱上的安装位置如图3-235所示。

> **注意**
> 燃油滤清器的安装方向要正确。启动发动机，检查燃油滤清器接头处是否泄漏。

燃油加油管

燃油箱

图 3-235　燃油加油管在燃油箱上的
安装位置

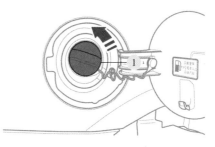

图 3-236　拆卸燃油加油管一

① 拆卸

a. 关闭点火开关及所有用电器。

b. 断开蓄电池负极接线柱，拆卸手动维修
开关。

c. 拆卸右后车轮挡泥板总成，抽取燃油箱
燃油。

d. 如图 3-236 所示，打开燃油箱盖，沿
（箭头）方向旋出加注口盖总成 1。

e. 如图 3-237 所示，旋出加油管总成 1 固
定螺母（箭头）。螺母拧紧力矩：(10±2) N·m。

f. 如图 3-238 所示，举升车辆，旋出加油
管总成 1 固定螺栓（箭头）。螺栓拧紧力矩：
(10±2) N·m。

g. 如图 3-239 所示，旋松卡箍（箭头），脱
开加油软管 1 和通风管 2 与燃油箱总成连接。

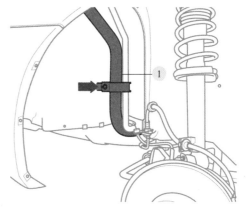

图 3-237　拆卸燃油加油管二

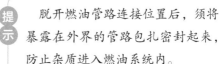
提示　脱开燃油管路连接位置后，须将
暴露在外界的管路包扎密封起来，
防止杂质进入燃油系统内。

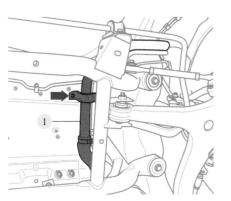

图 3-238　拆卸燃油加油管三

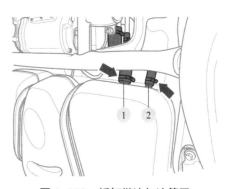

图 3-239　拆卸燃油加油管四

第3章

h. 如图3-240所示，取下加油口导管总成1。

② 安装　大体以倒序进行。

 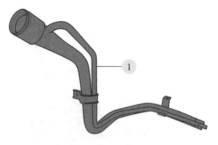

注意　必须将燃油箱上的燃油管路和通风管路复原到原始位置，否则会因与车身的震动产生摩擦损坏燃油管路，从而导致燃油泄漏。

图 3-240　拆卸燃油加油管五

3.6.2　汽油的标号

汽油有不同的型号，应结合发动机的结构来选取合适的汽油。

标准汽油由异辛烷和正庚烷组成。异辛烷的抗爆性好，其辛烷值为100；正庚烷的抗爆性差，在汽油机上容易发生爆震，其辛烷值为0。如果汽油的标号为90，则表示该标号的汽油含异辛烷90％、正庚烷10％。

汽车选择汽油标号的首要标准就是发动机的压缩比，发动机的压缩比越高，选用的汽油标号越高。所以进行添加燃油时并不是汽油的标号越高越好。常用的汽油标号是93和97。目前部分地区为满足更高排放标准采用98号汽油（图3-241）。

图 3-241　汽油的标号

3.7 柴油机燃油供给系统

柴油发动机燃油供给系统的作用是把燃油从油箱输送到高压系统进行加压并通过喷油器喷入燃烧室，与燃烧室中的空气结合形成混合气。柴油机的供给系统如图3-242所示。

图 3-242　柴油机燃油供给系统

3.7.1 柴油机燃油供给系统的组成

柴油发动机燃油供给系统主要由输油泵、喷油泵、喷油器等组成，另外还包括燃油箱、燃油滤清器、低压油管、高压油管和回油管等辅助装置，如图3-243所示。

柴油从燃油箱经输油泵输送至燃油滤清器过滤后进入喷油泵，喷油泵输出的高压柴油经高压油管、燃油高压共轨、高压喷油器喷入燃烧室。从燃油箱到喷油泵入口之间的油路称为低压油路，油压由输油泵建立，压力一般为0.15~0.3 MPa。从喷油泵到高压喷油器之

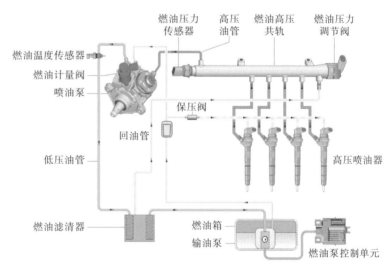

图 3-243　柴油机燃油供给系统组成

间的油路称为高压油路，油压由喷油泵建立，压力一般在10 MPa以上。高压柴油通过喷油器呈雾状喷入燃烧室，与空气混合而形成可燃混合气。

（1）输油泵

输油泵的作用是向喷油泵输送燃油，确保一定数量和压力的燃油通过软管和燃油滤清器输送到喷油泵。输油泵的结构形式较多，常见的有活塞式、滑片式和转子式等。中小型高速柴油发动机常采用活塞式和滑片式输油泵。

（2）喷油泵

柴油发动机喷油泵是一个高压油泵，把来自低压油管的燃油加压到10 MPa以上，然后通过高压油管输送给各个喷油器。喷油泵可以控制喷油量和喷油正时。

3.7.2 柴油的标号

柴油的标号依据是柴油的凝固点。目前国内应用的轻柴油按凝固点分为6个标号：5[#]柴油、0[#]柴油、−10[#]柴油、−20[#]柴油、−35[#]柴油和−50[#]柴油。选用不同标号的柴油应主要根据使用时的气温，见表3-5。

表3-5 柴油的标号与使用温度

柴油标号	5[#]	0[#]	10[#]	20[#]	35[#]	50[#]
使用温度/℃	大于8	8～4	14～5	14～5	29～14	44～29

选用柴油的标号如果不适合使用温度环境，发动机中的燃油系统就可能结蜡并堵塞油路，影响发动机的正常工作。柴油的标号越低，结蜡的可能性就越小。

 和汽油不同，柴油也可用作润滑油。不可互换燃油，因为如果误将汽油倒入柴油机，将会损坏喷油泵和喷油嘴。

3.7.3 汽油机与柴油机的区别

表3-6为汽油机与柴油机的区别。

表3-6 汽油机与柴油机的区别

区 别	汽油机	柴油机
构造不同	气缸顶部有火花塞	气缸顶部有喷油嘴
燃料不同	汽油	柴油
运动特点	转速高，启动快	转速低，扭矩大
压缩比	由于汽油燃点高，所以压缩比较低，在8～14范围内	压缩比高，在18～24范围内
点火方式	压缩行程末，火花塞产生电火花点燃燃料	压缩行程末，喷油嘴向气缸内喷进柴油遇温度超过柴油燃点的空气而自动点燃
效率	热效率低，发动机温度较高	热效率高，燃油经济性好

第 **4** 章

传动系统维修基础

CHAPTER 4

传动系统的功用是将发动机的动力传给驱动车轮，使路面对驱动车轮产生一个牵引力，推动汽车行驶。传动系统由离合器、变速器、传动轴、万向节、主减速器、差速器和驱动半轴等组成。

4.1 传动系统布置形式

汽车动力传递的布置形式主要有以下几种。

（1）前轮驱动

发动机和传动系统都被安装在发动机舱内，如图4-1所示。

优点：

a. 减轻了车重，结构紧凑。

b. 动力传递效率高，燃油经济性好。

c. 操纵稳定性和制动时的方向稳定性好。

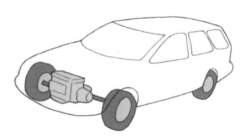

图4-1　前轮驱动

缺点：启动、加速或爬坡时，前轮负荷减少，导致牵引力下降；前轮工作条件恶劣，轮胎寿命短。

（2）后轮驱动

通过传动轴驱动安装在两个后轮之间的差速器以分配动力到后轮，如图4-2所示。

优点：

a. 牵引性能比前置前驱型优越。

b. 轴负荷分配比较均匀。

c. 简化了操纵机构的布置。

d. 便于维修。

缺点：

a. 车重增加，影响了燃油经济性。

b. 驾驶室空间减小，影响乘坐舒适性，同时，后排地板中央有突起。

c. 在雪地或易滑路面上启动加速时，易发生甩尾现象。

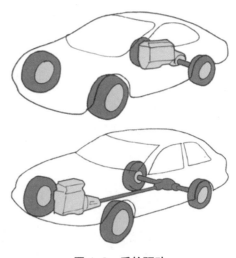

图4-2　后轮驱动

（3）四轮驱动

汽车前后轮都有动力。可按行驶路面状态不同，而将发动机输出扭矩按不同比例分布在前后所有的轮子上，以提高汽车的行驶能力，如图4-3所示。

特点是操控性高，通过性更强。但结构复杂，成本高。

四轮驱动分为半时四驱和全时四驱。

半时四驱有专门的两驱、四驱切换拨杆或按钮。使用时不能在硬地面（铺装路面）上使用四驱，特别是在弯道上不能顺利转弯。

全时四驱在硬路面（铺装路面）、下雨时有更可靠的四轮抓着力，比半时四驱优越。

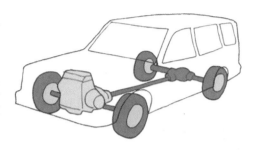

图 4-3　四轮驱动

4.2 离合器

4.2.1 离合器的作用

离合器是汽车传动系统重要组成部件之一，它由主动部件、从动部件、压紧机构和操纵机构组成。离合器安装在发动机与变速器之间，是汽车传动系统中直接与发动机相连接的总成部件，也是实现动力传递和切断的关键部件。

4.2.2 离合器的维修

（1）离合器拉索的更换

① 准备工作：在前翼子板、前保险杠、驾驶员座椅、地毯（驾驶员侧）、转向盘、驻车制动手柄、变速操纵杆等部位放置保护垫或保护套。

② 关闭点火钥匙；断开蓄电池负极电缆和正极电缆。拆卸蓄电池托架固定螺栓、螺母1，取下蓄电池。拆卸空气滤清器连接

图4-4　离合器拉索的更换一

螺栓2；用一字起子（螺丝刀）拆卸卡箍3；脱开曲轴箱通风管4；取下空气滤清器总成，如图4-4所示。

③ 拆卸电控单元与蓄电池托架的固定螺栓5，如图4-5所示。

④ 脱开蓄电池托架上的线束固定卡夹6；拆卸蓄电池托架四个固定螺栓7，取下蓄电池托架，如图4-6所示。

⑤ 拆卸离合器拉索：先拧松离合器拉索上的调节螺母8；将离合器拉索前挡块9从分离拨叉臂

> **注意** 拆卸离合器拉索之前，必须先将离合器踏板向上抬到最高点，以便使拉索放松。

10中朝车前方向脱出；再向后拉出离合器后挡块11，使离合器拉索从支架槽中脱出，如图4-7所示。

⑥ 在驾驶室内，先用一字螺丝刀撬开离合器踏板上方的支座12上的卡夹13，将拉

图 4-5　离合器拉索的更换二

图 4-6　离合器拉索的更换三

图 4-7　离合器拉索的更换四

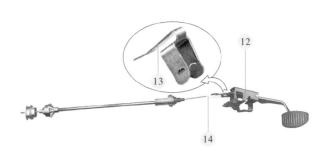

图 4-8　离合器拉索的更换五

索连接头 14 从挂钩中取出；将离合器拉索的套管从前围板中拉出，取下离合器拉索，如图 4-8 所示。

安装注意事项：

① 首先将拉索套管卡入前围板（涂上润滑脂）；再将离合器踏板向上抬到最高点。

② 将拉索连接头 14 卡入挂钩 15 中；安装好卡夹 13；将拉索后挡块 11 安装在支架中；将拉索前挡块 9 卡入分离拨叉臂 10 中，如图 4-7、图 4-9 所示。

 注意　卡夹 13 应该卡在支座小孔 16 里面才能保证安装到位。

安装完毕后应检查各连接部件，确定其安装正确，多次踩离合器踏板，使离合器软轴处于正常的工作位置。

（2）离合器踏板的更换

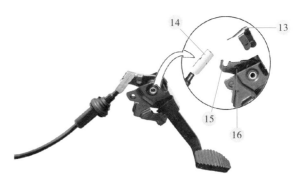

图 4-9　安装注意事项

拆卸：拆卸螺母 1，取下弹簧 2，用一字螺丝刀撬开卡夹 3，分开连接拉索和支架的拉索导套，即可更换离合器踏板，如图 4-10 所示。

安装及更换：按照与拆卸相反的顺序安装。

（3）离合器总成的拆卸和更换

拆卸：

① 从发动机上拆卸变速器总成。

② 将离合器拆装定位轴1插入离合器从动盘花键孔中，托住离合器从动盘，以免拆卸离合器时从动盘坠落伤人或者损坏，如图4-11所示。

③ 拆卸离合器压盘总成与发动机飞轮的连接螺栓2。

④ 取下离合器压盘总成和从动盘总成。

更换及安装：

安装之前检查：

① 发动机飞轮端面应无划伤及撞击痕迹。

② 飞轮齿圈无异常磨损。

③ 摩擦片上不得有油渍。当发现离合器压盘及从动盘等有油迹时，必须找出油迹来源，排除泄漏故障。

安装从动盘总成；用离合器拆装定位轴1将从动盘定位。

图4-10　拆卸离合器踏板

图4-11　拆卸离合器总成

> **注意**　从动盘的安装应该区分正反面，盘毂高的"a"面朝向离合器压盘总成一侧，如图4-12所示。
>
>
>
> 图4-12　安装注意事项

参照图4-11安装离合器压盘总成；轻轻拧上螺栓但不拧紧，轻轻摇动离合器拆装定位轴1，确保离合器拆装定位轴1可以容易地抽出和插入，再按对称的顺序拧紧螺栓，拧紧力矩：（24±2.4）N·m。

4.3 手动变速器

4.3.1 手动变速器基本原理

（1）手动变速器分类

手动变速器是依靠驾驶员手动操纵变速器换挡杆来实现换挡的变速器。手动变速器按照工作轴（不含倒挡轴）的多少可分为两轴式手动变速器和三轴式手动变速器。

① 两轴式 两轴式变速器只有输入轴和输出轴（不包括倒挡轴），无中间轴，且输入轴与输出轴平行。在任何前进挡工作时，只有一对齿轮副啮合。

图4-13所示为捷达的五挡手动变速器。它有五个前进挡和一个倒挡，全部采用同步器换挡。输入轴和输出轴上的齿轮是常啮合斜齿轮，所有换挡齿轮都在滚针轴承上移动，以获得最大的换挡平顺性；倒挡为直齿轮，选择倒挡时，倒挡惰齿轮在输入轴和输出轴之间的独立轴上啮合，因此输出轴旋转方向改变。所有前进挡都有同步装置，一、二挡都配有双面同步器，一、二挡齿轮在输出轴上啮合，其余前进挡齿轮在输出轴上啮合。

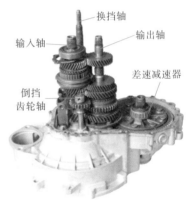

图 4-13 捷达两轴式手动变速器

两轴式变速器用于发动机前置前轮驱动的汽车，如桑塔纳、捷达、宝来、富康、奥迪、花冠、威驰等。

② 三轴式 三轴式变速器除了设有输入轴、输出轴、倒挡轴之外，还另设了中间轴。在发动机前置后轮驱动（FR型）的汽车上，常采用三轴式变速器，如五菱系列微型车、宝骏730MPV以及其他一些小型客货车等。其特点是传动比范围较大，有直接挡，传动效率高。图4-14为五菱之光三轴式手动变速器。

图 4-14 五菱之光三轴式手动变速器

（2）手动变速器组成及简单原理

无论是三轴式还是两轴式手动变速器一般都包括离合器分离杆、选挡换挡轴、换挡拨叉、齿轮传动机构（输入轴、输出轴、倒挡轴/换向齿轮）、同步器以及变速器壳体等。

基本原理：两轴式变速器的动力传递主要依靠两根相互平行的轴（输入轴和输出轴）完成。此外，还有一根比较短的倒挡轴以帮助汽车实现倒退行驶。动力从输入轴（第一轴）输入，经一对齿轮传动后，直接由输出轴（第二轴）输出。图4-15为捷达轿车采用的02T型五挡变速器（具有五个前进挡、一个倒挡）结构图。

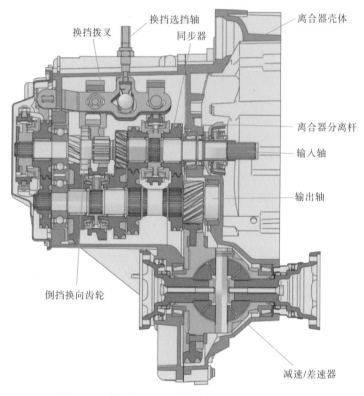

图 4-15　捷达 02T 手动变速器（两轴式）组成图

输入轴：1挡、2挡和倒挡主动齿轮与输入轴制成一体，3挡、4挡、5挡主动齿轮通过滚针轴承安装在输入轴上，可以在输入轴上空转。3挡/4挡、5挡同步器通过花键与输入轴主动相连，如图4-16所示。

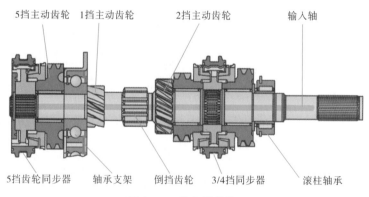

图 4-16　输入轴结构

输出轴：1挡、2挡被动齿轮通过滚针轴承安装在输出轴上，可以在输出轴上空转。1挡、2挡齿轮同步器通过花键主动连接在输出轴上。3挡、4挡、5挡被动齿轮同样通过花键连接在输出轴上。如图4-17所示。

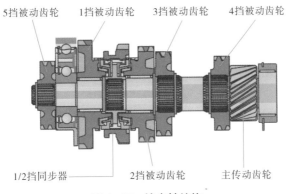

图4-17　输出轴结构

倒挡轴：为实现汽车的倒退行驶，在输入轴的一侧还设置了一根较短的倒挡轴（图4-15未示出）。倒挡换向齿轮空套在该轴上（不用滚针轴承），可轴向滑动，空挡时与输入轴和输出轴的倒挡齿轮不在同一平面上。

同步器：变速器输入轴与输出轴，各自以不同的速度旋转，变换挡位时，两个旋转速度不一样的齿轮，如果不先"同步"而强行啮合，必然会发生两个齿轮冲击碰撞，因此会损坏齿轮。因此现代的变速箱都设计有"同步器"，通过同步器使将要啮合的齿轮，达到一致的转速而顺利啮合换挡。同步器有常压式和惯性式。目前全部同步式变速器上采用的是惯性同步器，它的特点是依靠摩擦作用实现同步，如图4-18所示。

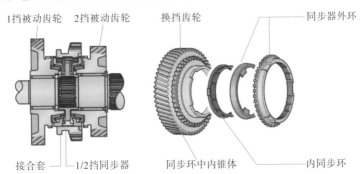

图4-18　同步器结构

接合套、同步环和待接合齿轮的齿圈上，均有倒角（锁止角）。同步环的内锥面与待接合齿轮齿圈外锥面接触产生摩擦。锥面摩擦使得待啮合的齿套与齿圈迅速同步，同时又会产生一种锁止作用，防止齿轮在同步前进行啮合。

当同步环内锥面与待接合齿轮齿圈外锥面接触后，在摩擦力矩的作用下，齿轮转速迅速降低（或升高）到与同步环转速相等，两者同步旋转，齿轮相对于同步环的转速为零，因而惯性力矩也同时消失，这时在换挡杆作用力的推动下，接合套不受阻碍地与同步环齿圈接合，并进一步与待接合齿轮的齿圈接合，而完成换挡的过程。

4.3.2 手动变速器拆卸

拆卸方式：变速器从车辆下方取出。

将车辆置于举升机上。

注意　作业前关闭点火开关，等待1min之后拆下蓄电池负极。

（1）在车身下的拆卸

① 拆卸左右车轮。

② 举升车辆。

③ 拆卸发动机下护板。

④ 排空变速器油。

⑤ 拆卸左右半轴。

⑥ 使用16mm的套筒拆下如图4-19中箭头所指的发动机右下支架螺栓拧紧力矩：（40±6）N·m。

⑦ 使用T50的六角花型套筒拆卸如图4-20中箭头所指的排气管固定螺栓。

⑧ 使用8mm内六角套筒拆卸如图4-21中箭头所指的真空助力油管支架螺栓。拧紧力矩：（40±6）N·m。

图4-19　在车身下拆卸手动变速器一

图4-20　在车身下拆卸手动变速器二

图4-21　在车身下拆卸手动变速器三

（2）在发动机舱内的拆卸

① 使用10mm的套筒拆卸图4-22中的螺栓1。

② 使用一字螺丝刀拧松图4-22中的管卡2，脱开节气门与通气管的连接。

③ 脱开图4-22中的曲轴通气管3。

④ 拆下图4-22中的空气滤清器总成4。

⑤ 使用13mm的套筒拆卸图4-22中的蓄电池支架压紧扣螺栓5。

⑥ 拔掉电源接头，拆下图4-22中的蓄电池6。

⑦ 拔掉插接器，取下图4-23中箭头所指的发动机电控单元。

⑧ 使用13mm的套筒拆卸图4-24中箭头所指的蓄电池支架4个固定螺栓。

⑨ 取下蓄电池支架。

⑩ 使用14mm的开口扳手固定住离合器拉索调整螺母，用10mm的开口扳手拧松图4-25中的锁紧螺母，再从叉杆臂上分离拉索1。

图4-22 在发动机舱内拆卸手动变速器一

图4-23 在发动机舱内拆卸手动变速器二

图4-24 在发动机舱内拆卸手动变速器三

图4-25 在发动机舱内拆卸手动变速器四

⑪使用10mm的套筒拆卸图4-25中的螺栓2，脱开换挡操纵连接杆。

⑫取出图4-25中的隔套3。

⑬脱开图4-25中的转速表传感器插头4。

⑭脱开图4-25中的里程表传感器插头5。

⑮脱开图4-25中的倒挡开关插头6。

⑯使用13mm的开口扳手拆卸图4-25中的发动机总成搭铁线7。

⑰使用13mm的开口扳手拆卸图4-25中的蓄电池接地线8。

⑱将图4-26中的工具1、2和3安装到位。

⑲使用8mm的内六角套筒拆卸图4-27中箭头所指的发动机线束支架2个固定螺栓。拧紧力矩：（40±6）N·m。

（3）拆卸起动机

①使用13mm的套筒拆卸图4-28中的起动机固定螺栓1、2。

②使用13mm的套筒拆卸起动机常供电电缆固定螺母。

③使用8mm的套筒拆卸起动机励磁线固定螺母。

④拆卸图4-28中的起动机3。

⑤用废轮胎顶住变速器总成底部。

⑥使用13mm的套筒拆卸图4-29中的变速器悬挂螺母1。

⑦使用18mm的套筒拆卸图4-29中的变速器悬挂弹性元件固定螺母2。拧紧力矩：（65±6.5）N·m。

⑧取下图4-29中的变速器弹性元件3。

图4-26　在发动机舱内拆卸手动变速器五

图4-27　在发动机舱内拆卸手动变速器六

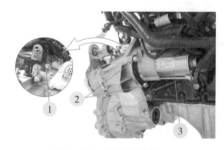

图4-28　拆卸起动机一

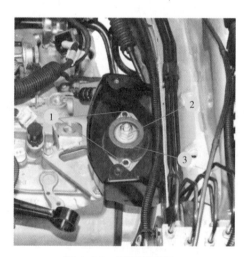

图4-29　拆卸起动机二

图4-30 拆卸起动机三

图4-31 拆卸变速器

⑨ 调节图4-26中工具1上的挂钩长度，举升车辆，使变速器悬挂端下降20mm。

⑩ 使用13mm的套筒拆卸图4-30中的变速器悬挂支架与车身固定的2个螺栓1。拧紧力矩：（24±3.4）N·m。

⑪ 拆下图4-30中的变速器悬挂支架2。

（4）拆卸变速器

① 使用13mm的套筒拆卸图4-31中箭头所指的变速器悬挂连接支架上的3个固定螺母。拧紧力矩：（24±2.4）N·m。

② 从离合器上分离变速器总成。

③ 慢慢举升车辆，将变速器总成从车辆底部拿出。

（5）检查

① 检查发动机后部有无漏油现象。

② 检查离合器总成工作状况。

③ 检查拨叉轴衬套是否磨损。

（6）安装

① 更换半轴油封，在油封内圈刃口处涂抹变速器油。

② 检查变速器的定位销不要漏装，使之进入发动机相应的定位孔内。

③ 在拨叉轴轴承孔衬套内涂抹少量的润滑脂。

④ 在输入轴上涂抹少量润滑脂。

⑤ 将变速器设置在空挡位置。

⑥ 转动分离拨叉臂，将分离轴承推到导向套底座一侧，并将分离拨叉臂固定。

⑦ 将变速器与发动机对接，确认定位销定位准确。

⑧ 按拆卸相反的顺序进行安装。

⑨ 加注规定型号和容量的变速器油。

⑩ 检查并调整离合器踏板的工作行程。

① 将变速器放上工作台，打开放油螺塞，旋转变速箱，将油放净（图4-32）。

② 拆开连接分离轴承的卡子（无需拆下），如图4-33所示。

图 4-32　分解手动变速器一

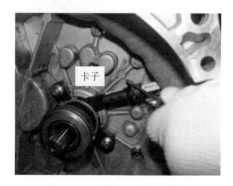

图 4-33　分解手动变速器二

③ 拆下液压分离轴承座及分离轴承快速接头（图4-34）。

④ 分离接头总成，如图4-35所示。

图 4-34　分解手动变速器三

图 4-35　分解手动变速器四

⑤ 拆下分离轴承螺栓，取下分离轴承（图4-36）。

⑥ 用工具旋下后盖螺栓，取下后盖（图4-37）。

图 4-36　分解手动变速器五

图 4-37　分解手动变速器六

⑦ 直接取出倒挡同步环（图4-38）。

⑧ 挂入一个前进挡，然后将图4-39中弹性锁销冲去，再将五挡拨叉及齿轮向下移动，待输入轴同输出轴相互锁死，用扭力扳手逆时针旋下五挡从动齿轮紧固螺母。

注：也可先挂上五挡，将细铜棒（或其他硬度较低的金属棒）放在五挡主从齿之间，用扭力扳手逆时针旋下五挡从动齿轮紧固螺母。

图4-38　分解手动变速器七

图4-39　分解手动变速器八

⑨ 同样方法，用扭力扳手逆时针旋下五挡主动齿轮紧固螺母（图4-40）。

⑩ 用冲子冲出弹性锁销；挂入倒挡，取出五挡倒挡拨叉（图4-41）。

图4-40　分解手动变速器九

图4-41　分解手动变速器十

⑪ 取出五挡同步器及五挡主、从动齿轮（图4-42）。

⑫ 取下滚针轴承（图4-43）。

图4-42　分解手动变速器十一

图4-43　分解手动变速器十二

⑬用内六角套筒旋下轴承挡板螺栓，取下轴承挡板（图4-44）。

⑭用卡钳取出输出轴后轴承调整垫片（图4-45）。

图4-44 分解手动变速器十三

图4-45 分解手动变速器十四

⑮同样方法，取出输入轴后轴承调整垫片（图4-46）。

⑯旋下操纵机构壳体螺栓（图4-47）。

图4-46 分解手动变速器十五

图4-47 分解手动变速器十六

⑰旋下定位座-换挡指（图4-48）。

⑱旋下倒车灯开关；此时可直接把操纵机构总成从变速箱壳体中拔出（图4-49）。

图4-48 分解手动变速器十七

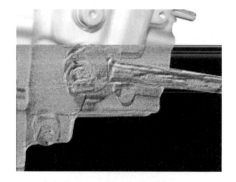

图4-49 分解手动变速器十八

⑲旋出图4-50中三个定位螺栓，注意其中叉轴定位座-一、二挡长度较大。

⑳用内六角套筒旋下螺钉-惰轮轴（图4-51）。

1—叉轴定位座-五、倒挡；
2—叉轴定位座-三、四挡；
3—叉轴定位座-一、二挡

图 4-50　分解手动变速器十九

图 4-51　分解手动变速器二十

图 4-52　分解手动变速器二十一

㉑旋下变速器壳体螺栓（图4-52）。
㉒旋下离合器壳体螺栓（图4-53）。

图 4-53　分解手动变速器二十二

图 4-54　分解手动变速器二十三

㉓两手抬起变速器壳体，将变速器总成悬空，用铜棒砸输入轴和输出轴，将变速器壳体和五挡轴套取下（图4-54）。

㉔取下倒挡惰轮总成（图4-55）。

㉕旋出倒挡拨叉机构总成螺栓，取下倒挡拨叉（图4-56）。

㉖用卡钳取下开口挡圈（图4-57）。

图4-55　分解手动变速器二十四

图4-56　分解手动变速器二十五

图4-57　分解手动变速器二十六

图4-58　分解手动变速器二十七

㉗双手握住输入轴总成、输出轴总成及一二、三四、五倒挡叉轴，将其一起取出，最后取出差速器总成（图4-58）。

4.4 自动变速箱

4.4.1 自动变速箱基础

汽车自动变速器可根据发动机负荷和车速等工况的变化自动变换传动系统的传动比，即自动变换挡位，以使汽车获得良好的动力性和燃油经济性，并且有效地减少发动机排放污染，显著提高车辆的行驶安全性、乘坐舒适性和操纵轻便性。

自动变速器按照变速机构的不同可分为行星齿轮式、无级变速式、平行轴式和双离合器式。按照操纵机构可分为液控液力操纵式、电控液力操纵式。目前汽车上均采用电控液力操纵式。行星齿轮式自动变速器普遍应用在高中低档汽车中，本田车系自动变速器均采用平行轴式，大众、奥迪车系是目前双离合器式自动变速器的主要使用者。无级变速器因为其结构特点也正在被广泛地应用在汽车中。

自动变速器主要由液力传动机构、变速机构、电液系统和控制系统等组成，如图4-59所示。

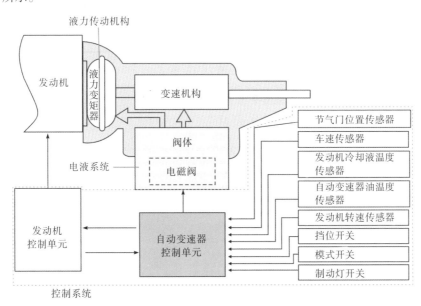

图 4-59　自动变速器组成

（1）液力变矩器

液力变矩器主要由可旋转的泵轮和涡轮以及固定不动的导轮三个主要元件组成，结构如图4-60所示。

各工作轮用铝合金精密制造，或用钢板冲压焊接而成。泵轮与变矩器壳连成一体，用螺栓固定在发动机曲轴后端的凸缘上或飞轮上。涡轮通过动力输出轴与变速器的其他部件相连。导轮则通过导轮轴固定在变速器的固定壳体上。三个工作轮经装配后，形成循环圆断面的环状体。泵轮、导轮和涡轮构成液力变矩器转换能量、传递动力和改变转矩必不可少的基本工作元件。

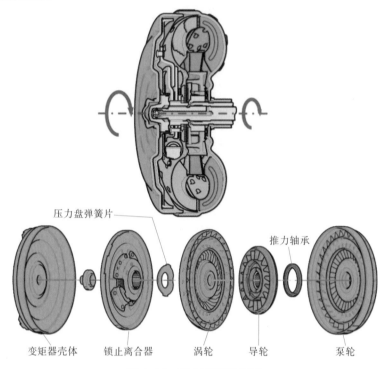

图 4-60　液力变矩器结构

在偶合器工作时，工作液体从泵轮流向涡轮，涡轮出来之后再流向泵轮。工作液体从涡轮出来时的作用方向与泵轮的运动方向相反，有阻碍泵轮正常旋转的趋势，即泵轮的运动受到涡轮回油的阻碍，这是液力偶合器的最大缺点，也是它不能增大扭矩的原因。

液力变矩器中增加了导轮，工作油液从涡轮出来流向导轮，再到泵轮，如图4-61所示。

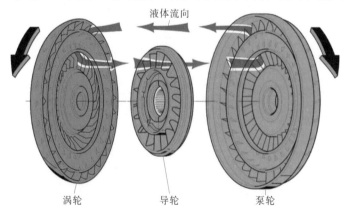

图 4-61　液力变矩器工作原理

车辆未起步时或重载低速时，涡轮不动，泵轮开始转动，油液在导轮叶片作用下流动方向会改变。当油液再流到泵轮时，流向与泵轮的运动方向相同。由于受到单向离合器的约束，导轮静止不动。这样也就增强了泵轮的旋转力矩，进而增加了涡轮的扭矩，如图4-62所示。

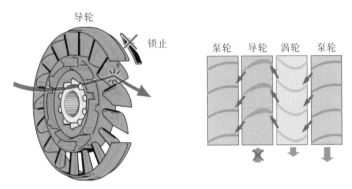

图 4-62　油液在液力变矩器中的流向（导轮锁止）

随着涡轮转速逐渐升高，即涡轮的牵连速度逐渐增加时，使得从涡轮流入导轮的油液方向有所变化。在涡轮转动产生的离心力的作用下，油液不再直接射向导轮，而是越过导轮直接回到泵轮，因此失去了增扭作用。此时的液力变矩器变成了液力偶合器，如图4-63所示。

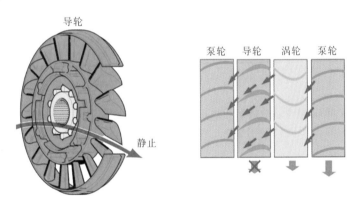

图 4-63　油液在液力变矩器中的流向（导轮不动）

涡轮转速继续增加，从涡轮流入导轮的油液冲击到背面，导轮在油液冲击力的作用下开始转动，方向与涡轮和泵轮一致，如图4-64所示。

当涡轮转速增大至与泵轮转速相等时，油液在循环圆中循环流动停止，液力变矩器失去传递动力的能力。

（2）行星齿轮组变速原理

行星齿轮机构的太阳齿轮、行星架和齿圈三元件，可以绕同一传动轴心转动，亦可将其中任意一个元件锁定，另外两个中的任意一个为主动元件，剩下的一个为从动元件。简单的行星齿轮机构结构如图4-65所示。

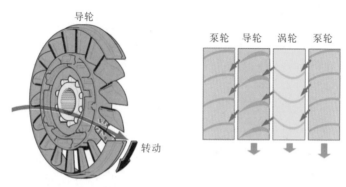

图 4-64 油液在液力变矩器中的流向（导轮转动）

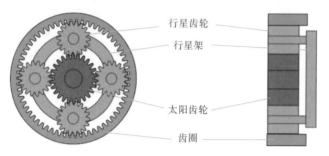

图 4-65 行星齿轮组结构

① 固定齿圈 固定齿圈时，行星齿轮即绕着太阳齿轮公转的同时也自转。在齿圈固定的情况下，存在以下两种传动方式。

a. 太阳齿轮主动，行星架从动。

当太阳齿轮按顺时针方向旋转时，行星齿轮则按逆时针方向旋转，并试图使内齿圈也按逆时针方向旋转，但因为齿圈正被锁定，故在齿圈作用力下行星架顺时针方向旋转，如图 4-66（a）所示。

（a）太阳齿轮主动 　（b）行星架主动

图 4-66 固定齿圈后的动力传递

b. 行星架为主动，太阳轮为从动。

当行星架按顺时针方向旋转时，行星齿轮有带动内齿圈和太阳轮一起顺时针转动的趋势，因为齿圈已被固定，所以齿圈反作用于行星齿轮，使其逆时针转动，最终带动太阳齿轮按顺时针方向转动，如图 4-66（b）所示。

② 固定太阳轮 锁定太阳齿轮后，行星齿轮使太阳齿轮公转同时也自转，并且公转与自转方向相同。与固定齿圈一样，固定太阳齿轮后，存在以下两种传动方式。

a. 行星架主动、齿圈被动。

当行星架按顺时针方向旋转时，行星齿轮带动内齿圈和太阳齿轮一起顺时针转动，而太阳齿轮已固定，因此行星齿轮顺时针转动，且齿圈受到力的作用，按顺时针方向转动，如图4-67（a）所示。

b. 齿圈主动、行星架被动。

齿圈顺时针方向转动，并带动行星齿轮一同顺时针方向转动，且有太阳齿轮逆时针方向转动的趋势，但太阳齿轮已固定，因此行星架受力，顺时针转动，如图4-67（b）所示。

③ 固定行星架　行星架固定时，行星齿轮只可自转而无公转，固定行星齿轮架存在以下两种传动方式。

a. 太阳齿轮为主动、齿圈为从动。

太阳齿轮按顺时针方向转动，由于行星齿轮架被锁定，行星齿轮逆时针转动，并带动内齿圈逆时针转动，如图4-68所示。

b. 齿圈为主动、太阳齿轮为从动。

（a）行星架主动　　　　　（b）齿圈主动

图4-67　固定太阳轮后的动力传递

（a）太阳齿轮主动　　　　（b）齿圈主动

图4-68　固定行星架后的动力传递

当内齿圈按顺时针方向旋转时，因行星齿轮架锁定，行星齿轮按顺时针方向转动，并带动太阳齿轮逆时针方向旋转，如图4-68（b）所示。

④ 将任意两元件连接在一起　任意连接两元件，行星齿轮不再自转，此时三元件合为一体。也可以这样理解，相当于把整个行星齿轮机构就看作是一根轴，输入和输出都是它，所以在这种状态下的行星齿轮机构三元件之间的传动比均为1，即为直接传动挡，如图4-69所示。

⑤ 元件自由转动　如果太阳齿轮、齿圈和行星架三元件不受任何约束，自由转动，这种工作状态即为空挡，如图4-70所示。

图4-69　任意两元件连接在一起　　图4-70　无固定元件（自由转动）

（3）平行轴式自动变速器

平行轴式自动变速器没有行星齿轮机构，常啮合斜齿轮传动机构与常规手动变速器以及DCT双离合器变速器类似。采用多片式离合器负责变速器挡位的升降。与传统行星齿轮变速器相同，在输入轴前端装配有液力变矩器。本田车系中常用平行轴式自动变速器的结构，如图4-71所示。

图 4-71　本田车系常用平行轴式自动变速器结构

（4）双离合器式自动变速器

双离合器式自动变速器（Double Clutch Transmission，DCT）的动力传递是通过两个离合器分别连接两根输入轴，两个离合器交替工作，换挡过程中通过离合器的滑摩控制使得动力持续传递，能够实现在不切断动力的情况下转换传动比，从而缩短换挡时间，有效提高换挡品质。DCT的产生及其在车上的应用，兼顾了AMT（机械式自动变速器，在传统的手动变速器的基础上改进而来，也称半自动变速器）和AT（自动变速器）的优点，实现了动力换挡，具有较好的起步品质和换挡质量，满足车辆平顺性的同时又保证了燃油经济性。

双离合器式自动变速器由两个离合器、与两个离合器分别相连接的两根输入轴、按奇偶数挡位分别布置在两根输入轴上的换挡同步器及相应齿轮组、自动换挡控制系统以及电控系统TCU等组成。它的主要特点是变速器各挡位主动齿轮按奇偶挡位分别与输入轴上设置的两个离合器C1、C2连接，离合器C1、C2交替传递工作动力以实现挡位切换。双离合器自动变速器结构如图4-72所示。

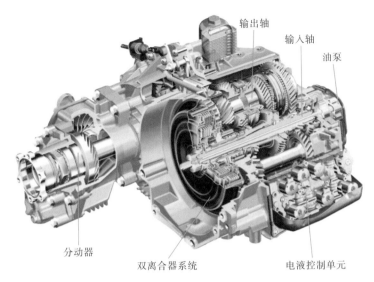

输出轴

输入轴

油泵

分动器

双离合器系统

电液控制单元

图 4-72　大众双离合器自动变速器结构

　　双离合器自动变速器输入轴结构如图4-73所示。输入轴1通过花键与离合器K1相连（见图4-74），用于驱动1、3、4、7挡。变速器控制单元通过转速传感器监测变速器输入转速。输入轴2为空心轴，安装在输入轴1的外侧。通过花键与离合器K2相连，用于驱动2、4、6、R挡。变速器控制单元通过转速传感器监测变速器输入转速。

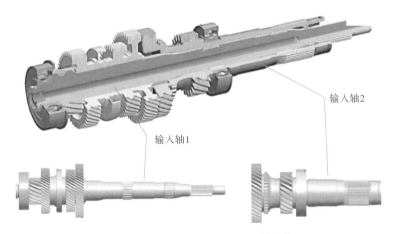

输入轴2

输入轴1

图 4-73　双离合器变速器输入轴结构

　　双离合器组件结构如图4-74所示。

　　DCT工作时，车辆先以某个与一个离合器相连的挡位运行，车辆自动变速器电控单元可以根据相关传感器的信号判断即将进入工作的与另一个离合器相连的下一挡位，因该挡位还未传递动力，故控制指令十分方便地控制换挡执行机构，预先啮合这一挡位，在车辆运行达到换挡点时，只需要将正在工作的离合器分离，同时将另一个离合器接合，则使汽车以下一个挡位行驶。在换挡过程中，发动机的动力始终不断地被传递到车轮，所以这样完成的换挡过程为动力换挡。车辆实现动力换挡过程，将大大提高换挡舒适性，同时也保

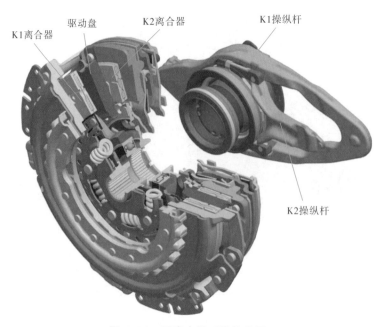

图 4-74 双离合器系统结构图

证车辆具有良好的燃油经济性，使车辆
油耗和排放等方面得到改善。

（5）CVT无级变速器

金属带式无级变速器由金属带（钢
带）、主动工作轮、从动工作轮、液力变
矩器（内装油泵）传动齿轮等组成，如
图4-75所示。其动力传递路线为发动机
动力经过飞轮、液力变矩器、制动工作
轮的离合机构、主动工作轮、金属带、
从动工作轮、传动齿轮等后再经过主减
速差速器传给驱动车轮。

该变速传动系统中的主、从动工作
轮由固定部分和可动部分组成。工作轮

图 4-75 CVT无极变速器构造图

的固定部分和可动部分之间形成V形槽。金属带在槽内与工作轮相啮合。当工作轮的可动
部分作轴向移动时，即可改变金属带与主、从动工作轮的工作半径，从而改变金属带传动
的传动比。主、从动工作轮的可动部分的轴向移动是根据汽车的行驶工况，通过液压控制
系统进行连续地调节而实现无级变速传动的。

4.4.2 自动变速器维修

（1）ATF（自动变速器油）油液的排放及加注

① 在下列部位放置防护垫：前翼子板、前保险杠，驾驶员座椅，地毯（驾驶员侧），转向盘，驻车制动手柄，变速操纵杆。

② 将车辆停在水平地面上；在发动机怠速状态下，把变速杆换到所有的挡位一次，并回到"P"挡；抽出变速器机油标尺，擦净其表面，在暖机状态下检查自动变速器油液面的高低；如果液面低于"HOT"刻度范围下限，检查自动变速器油是否漏油并加注自动变速器油；如果液面超过"HOT"刻度范围上限，则说明自动变速器油加注过量，需要通过油底壳放油螺塞放出部分油液，然后再检查自动变速器油液面。

注意　自动变速器油液面必须在热机状态下进行检查，自动变速器油温处于70~80℃，自动变速器油液面必须在机油尺上的"HOT"刻度范围内。

③ 举升车辆。拆卸5个固定螺栓，取下发动机下护板；将合适的接油容器放在自动变速器下面。

④ 如图4-76所示，拆卸放油螺塞2，将油液全部放出；清洗放油螺塞螺纹。

⑤ 安装放油螺塞2，拧紧力矩：17N·m；移走接油容器，并放下车辆。取出自动变速器油标尺，将变速器油加注漏斗固定在自动变速器油标尺管上；加注规定容量的自动变速器油。按照步骤②中所示的方法检查ATF油量。

（2）ATF滤清器更换

① 排空自动变速器油。按图4-77拆卸18个固定螺栓，取下油底壳和垫圈。

② 拆卸3个固定螺栓2，取下自动变速器油滤清器。

注意　垫圈为一次性的，重新安装的时候必须更换新的垫圈。

图4-76　自动变速器油底壳上的螺栓及放油螺塞

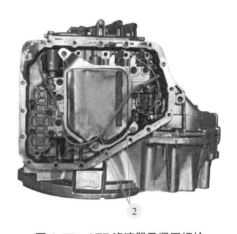

图4-77　ATF滤清器及紧固螺栓

③ 从自动变速器油滤清器上拆卸衬垫。

④ 安装按照与拆卸相反的步骤进行。

（3）双离合器变速器双离合器总成的拆卸（以大众OCW 7挡干式双离合器变速器为例）

拆卸双离合器前提条件：

① 变速箱已拆下，并将变速箱安装到发动机和变速箱支架上。

② 双离合器变速箱机电一体化装置J743内置在变速箱中。

拆卸：

① 拔下图4-78箭头所示的两个通气孔盖帽，并使用密封塞套件中清洁的密封塞来密封双离合器变速箱机电一体化装置J743通气孔和变速箱通气孔，使齿轮油不会溢出。

② 向上旋转发动机和变速箱支架上的变速箱与离合器。将离合器向上拉出。机电一体化装置依旧在变速箱中。

③ 用卡簧钳拆卸如图4-79中箭头所指示的齿毂卡环。

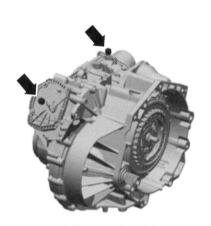

图4-78 通气孔帽

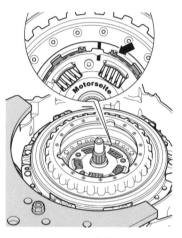

图4-79 齿毂卡环

④ 使用如图4-80所示的钩子和螺丝刀取出齿毂。

⑤ 使用卡簧钳拆卸如图4-81箭头处所示的离合器卡环。

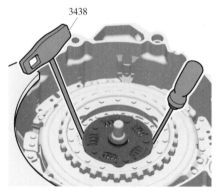

图4-80 取出齿毂

图4-81 拆卸箭头所指示的卡环

⑥ 如果卡环无法拆下，原因是离合器从下面夹住了卡环。

使用下面的方法将离合器轻轻向下推来松开卡环。不得使用锤子敲打离合器或轴。

a. 如图4-82所示，将支撑装置T10323与变速箱法兰平行安装。必要时，使用T10356/5补偿间距。用手拧紧螺栓A。需要时紧固螺母。

b. 当心损坏离合器和其他组件的风险，不要按压离合器，只是轻轻向下推离合器。向下推时向止推块T10376的方向旋转螺杆以便按下。

c. 再按照图4-81所示的方法拆卸离合器卡环。不可重复使用卡环。

⑦ 如图4-83所示，向离合器中装入起拔器T10373并拉出离合器。

⑧ 将起拔器T10373与离合器一起拆下。

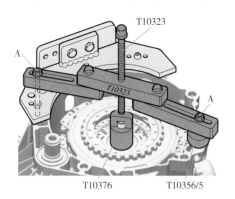

图4-82 安装专用工具

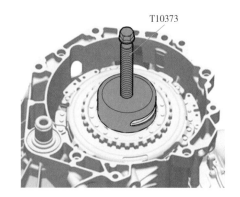

图4-83 安装起拔器

（1）主减速器

发动机的动力经过变速箱传递到主减速器。发动机的旋转速度很高，最低也得1000r/min，经过变速箱的挡位可以实现减速，但是这个速度对于轮胎来说还是非常高的，所以需要对变速箱的输出速度进行减速。动力从变速箱输出以后要经过主减速器进行减速，同时通过减速还可以提高发动机的输出扭矩，如图4-84所示。

图 4-84　主减速器

（2）差速器

差速器的作用是使汽车的车轮在转弯时能以不同的速度进行正确地转动。差速器由齿圈、差速器壳体、半轴齿轮、行星齿轮和行星齿轮轴等组成。

一般在直线行驶时，汽车两端的车轮转速是一样的。但是如果汽车的两个车轮接触两种不同的路面，由于地面对车轮的阻力不同，就造成两轮的转速不同，由于差速器的存在，允许两个车轮以不同的速度旋转，如图4-85所示。

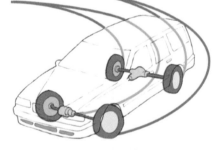

图 4-85　差速器的应用

但是如果两车轮的转速差距过大时，车辆就无法行驶。例如一个车轮在泥泞路面，一个车轮在干燥路面，这时车辆就会因打滑而无法行驶。为了防止这种情况发生，有的车辆安装了差速锁来解决这个问题。差速锁就是把两个动力轮锁止在一起使两个车轮的转速一致，这样使动力能够直接传递到抓地强的路面上。

（3）差速减速器的拆装

① 如图4-86所示，使用拆卸工具取下里程表主动齿轮。

图 4-86　拆卸里程表主动齿轮　　　　图 4-87　拆卸行星齿轮轴

② 取下钢丝卡箍，向外抽出行星齿轮轴，如图 4-87 所示。

③ 如图 4-88 所示，转动行星齿轮取出行星齿轮组与半轴齿轮组。

④ 在半轴齿轮的顶端差速器壳体上取出橡胶圈。

⑤ 如图 4-89 所示，使用压装工具拆卸滚柱轴承。

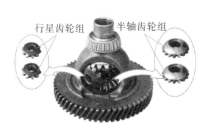

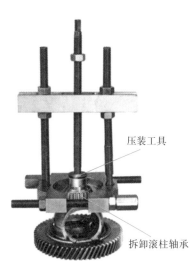

图 4-88　取出行星齿轮及半轴齿轮　　　　图 4-89　拆卸滚柱轴承

第5章

制动系统维修基础

CHAPTER 5

（1）制动的影响因素和变化

系统能对不超重的汽车进行完全控制。如果超重，会影响制动性能。如果汽车重量加倍，所需的制动量也要加倍。由增加的重量产生的过多热量可导致制动系统失灵。

高速度会对制动产生更加严重的影响。如果汽车速度加倍，制动力则必须增加4倍，而且制动器必须吸收或散失4倍于正常的热量。所以高速下停车会使制动器急速升温。

制动时，作用于汽车的减速力会改变加于车轴的负荷；这种现象叫作"动态重量转移"，该现象对制动系统性能有很大影响。当施加制动的汽车减

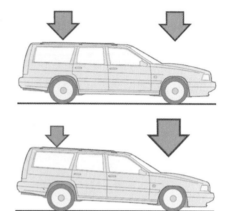

图 5-1　制动时重心的变化

速时，重量会从汽车后桥移到前桥，使汽车稳定性降低，如图5-1所示。

（2）制动时的操控性

由于前轮是转向轮，如果汽车的前轮抱死，汽车就失去转向能力；如果汽车的后轮抱死后，在滑行方向受到任何横向外力（如不平路面、横向风力等）的干扰，就会使汽车产生转动效应，如图5-2所示。

这将导致汽车变得不稳定，可能快速偏离航道以致失控。理论上讲，如果所有车轮同时抱死，汽车将重新趋向沿直线向前滑动，但实际上，轮胎受力通常不均匀，结果会使汽车不稳定并可能失控。

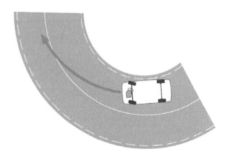

图 5-2　制动时的转向能力

5.2 制动系统管路

5.2.1 制动系统的组成

制动系统由制动助力装置、制动器（前后轮）、驻车制动按钮、ABS泵等组成，如图5-3所示。除此以外，还包括制动力调节装置、报警装置和压力保护装置等附加装置。

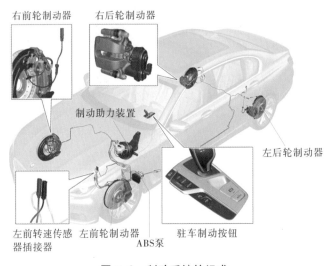

图 5-3　制动系统的组成

5.2.2 制动管路

制动管路将各个制动轮缸连接到制动主缸，是液压回路的重要组成部分。现代汽车都在使用双回路式液压系统。当一条管路出现泄漏后，汽车仍能够获得部分制动力，这样就提高了汽车的安全性。双回路液压系统管路有两种布置形式，即前后分布式和对角线分布式。在前后分布式液压回路中，制动主缸的两出口分别通向前、后轮制动轮缸，如图5-4所示。在对角线分布式液压回路中，制动主缸的一个出口同时连接左前轮制动轮缸

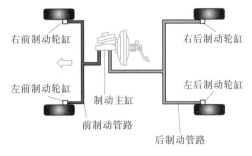

图 5-4　前后式分路

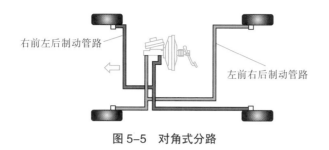

右前左后制动管路

左前右后制动管路

图 5-5　对角式分路

和右后轮制动轮缸，另一个出口分别连接右前轮制动轮缸和左后轮制动轮缸，如图 5-5 所示。

（1）前后式分路

前后制动器由各自独立的回路控制，这种方式通常用于后轮驱动的汽车（图 5-4）。

（2）对角式分路

对于大多数前轮驱动的汽车，制动回路采用对角式分路（图 5-5）。这种方式是将处于对角线上的两个车轮制动器置于同一管路中。

5.3 制动助力装置

制动力的大小决定了汽车制动效能，要获得大的制动力，驾驶员施加在制动踏板上的作用力也必须足够大，这对驾驶员体力和体能的要求比较高。为了降低驾驶员的劳动强度，提高行车安全，现代汽车都设计有制动助力装置。

（1）制动主缸

制动主缸是制动压力的源头，制动液油罐安装在制动主缸上面，制动主缸结构如图5-6所示。制动主缸的功能：

① 在制动回路中产生压力。

② 制动器释放时迅速降低压力。

③ 当温度变化时，补偿制动液体积的变化。

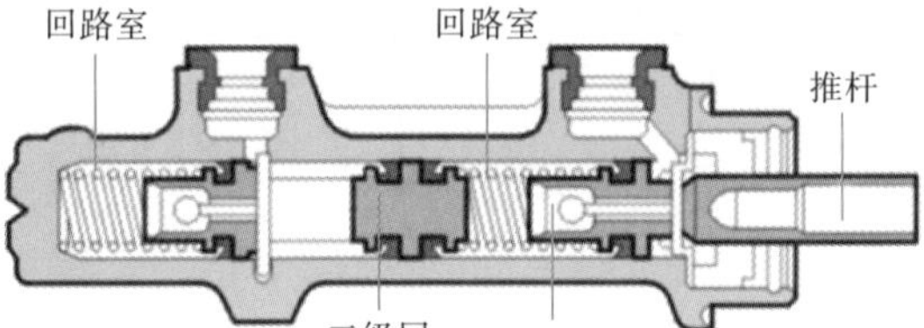

图 5-6　制动主缸的结构

（2）真空助力器

真空助力器和制动主缸安装在一起，如图5-7所示。当发动机熄火时，踩制动踏板时感觉到非常费力，这是因为真空助力器没有工作。真空助力器的作用就是扩大制动力。由于真空只有发动机运转时才能产生，所以发动机运转时制动效果明显。

> **注意**　即使真空失效，制动系统仍能工作，但需加大制动踏板力。

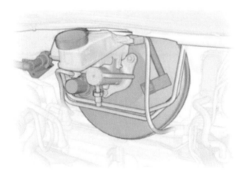

图 5-7　真空助力器

（1）鼓式制动器

① 鼓式制动器基本原理　鼓式制动器是汽车上较早使用的一种制动器，也是较多应用在货车或客车上的制动器。鼓式制动器与盘式制动器相比，最大的优点是使用较小的力就可以产生巨大的制动力，但其抗热及抗水衰退性、制动器间隙自调节性、制动方向稳定性较差。

鼓式制动器可以应用在前轮，也可以应用在后轮。鼓式制动器相对盘式制动器有更多的组成部件，其基本部件主要包括底板、制动轮缸、回位弹簧、限位弹簧、调节器、制动蹄、制动鼓等，如图5-8所示。

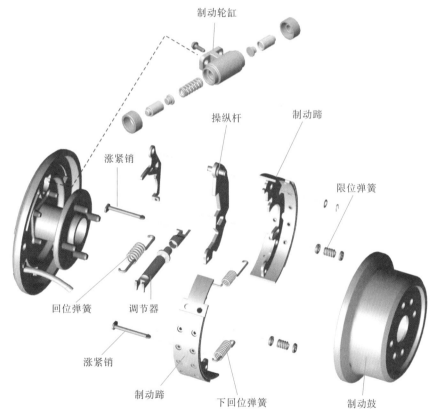

制动轮缸

操纵杆　制动蹄

限位弹簧

涨紧销

回位弹簧　调节器

涨紧销

制动蹄　下回位弹簧　制动鼓

图 5-8　鼓式制动器

鼓式制动器工作原理：当施加制动力时，制动踏板作用力经真空助力器助力后传递到制动主缸。制动主缸将液压油压送入制动管和制动软管，在液压压力的作用下，制动轮缸活塞推动制动蹄外张，使之与制动鼓接触，制动蹄与制动鼓之间的摩擦力迫使制动鼓的转速下降，从而降低车速，最终使车辆停止行驶。当解除制动力时，液压系统的液压压力下降，在回位弹簧的作用下，制动轮缸活塞回位，制动蹄与制动鼓分离，两者间的摩擦力消失。

② 鼓式制动器拆卸

a. 拧松后车轮固定螺栓。

b. 举升车辆，拆下后车轮。

c. 松开驻车制动器操纵手柄。

d. 拨开后烟灰盒，取下金属挡片和后烟灰盒。

e. 拆卸2个螺栓，取下后烟灰盒安装座。

f. 拆卸螺母，松开驻车制动器左右两根拉索。

图 5-9　拆下轮毂盖

g. 借助锤子用凿子轻轻凿轮毂盖四周，拆下轮毂盖，如图5-9所示。

h. 如图5-10所示，借助锤子，用凿子凿开轮毂固定螺母的锁止缺口，用扭力扳手拆下轮毂固定螺母，双手向外平托取出垫圈以及制动鼓。

i. 如图5-11所示，用手按住后制动底板上限位销钉的头部，使之不转动，用后制动蹄片销钉拆装工具压紧限位销钉上的弹簧座，逆时针转动90°，然后慢慢松开后制动蹄片销钉拆装工具，即可取下限位销钉。

图 5-10　拆卸轮毂螺母及制动鼓

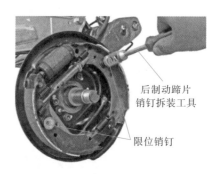

图 5-11　拆卸制动蹄片限位销钉

j. 先将后制动蹄片的头部与制动分泵上的活塞分离，再脱开驻车制动器拉索，取下后制动蹄片总成，如图5-12所示。

k. 先拆卸图5-13中的弹簧1，再拆卸弹簧2。

l. 拆卸间隙自动调整杆的固定弹簧，取下间隙自动调整杆，如图5-14所示。

m. 用一字起子拆下卡簧，分离驻车制动器挡块，即可更换后制动蹄片，如图5-15所示。

③ 后鼓式制动器的安装

a. 将图5-15中的驻车制动器挡块插进后制动蹄片

图 5-12　取下制动蹄片总成

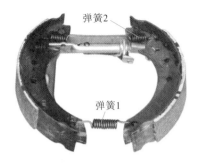

图 5-13　两个回位弹簧

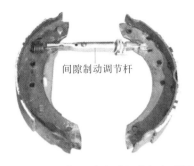

图 5-14　拆卸间隙自动调整杆和弹簧

图 5-15　取下卡簧和驻车制动挡块

小孔处，用一字起子装上图5-15中的卡簧。

　　b. 将图5-16中的滚轮拧到底，使得间隙自动调整杆最短。

　　c. 安装图5-14中的间隙自动调整杆，再安装图5-13中的弹簧2和弹簧1。

　　d. 装上驻车制动器拉索，先将后制动蹄片的头部分别对准后制动分泵的两个活塞，安装到位，再装上一个限位销钉，将后制动蹄片安装工具的头部插进后制动蹄片的小孔中，用力撬后制动蹄片，使之完全安装到位，然后取下工具，装上另外一个限位销钉，如图5-17所示。

图 5-16　滚轮拧到底

图 5-17　装上驻车制动器拉索

　　e. 安装制动鼓，并安好垫圈，更换新的轮毂固定螺母，装上轮毂盖，参照图5-9和图5-10。

　　f. 放下车辆，装上后车轮，拧紧后车轮固定螺栓。

　　g. 安装驻车制动器左、右两根拉索，拧紧螺母。

　　h. 安装后烟灰盒安装座，拧紧2个螺栓。

　　i. 安装金属挡片。

　　j. 调整驻车制动器。

（2）鼓式制动器常见故障分析

与鼓式制动器有关的制动系统故障现象、故障原因与排除方法见表5-1。

表5-1　与鼓式制动器有关的制动系统故障现象、故障原因与排除方法

故障现象	故障原因	排除方法
所需的制动踏板力过大	制动蹄可能粘有润滑脂或制动液	检修或更换制动器部件
	制动轮缸活塞卡滞	更换制动轮缸
	制动蹄不配套	更换匹配正确的制动蹄
所需的制动踏板力太小或制动太敏感	制动器间隙调整不正确	重新调整制动器间隙
	底板松动	检查和紧固底板
	制动蹄的摩擦材料松动	更换制动蹄
	制动器里灰尘和污物太多	清洁制动器
	制动鼓擦伤或变形	检查并更换制动鼓
	制动蹄的接触方式不当	检查制动鼓接触方式
制动踏板行程小	制动蹄回位弹簧弹性减弱	更换回位弹簧
	制动轮缸活塞卡住	更换制动轮缸
制动踏板抖动（驻车制动手柄也抖动）	制动鼓失圆	更换制动鼓
制动器异响	制动蹄脱离底板后急速返回	检查制动蹄装配
	限位弹簧弹性减弱	更换限位弹簧
	制动蹄弯曲	更换制动蹄
	底板支承凸缘有凹槽	更换底板
	底板垫块有凹槽	更换底板
	底板松动	检查和紧固底板
	制动鼓破裂或制动鼓有硬点	更换制动鼓
	回位弹簧弹性不均或变弱	更换回位弹簧
	制动蹄敲击制动鼓	检查制动器部件及安装位置
	制动蹄腹板弯曲	更换制动蹄
	制动器安装不当	重新安装
车辆一侧车轮易打滑	制动蹄回位弹簧弹性变弱或断裂	更换回位弹簧
	制动蹄与制动鼓的间隙太小	调整间隙
	制动器部件安装不当	重新安装
	制动轮缸活塞皮碗膨胀及变形	更换制动轮缸
	活塞卡在制动轮缸里	更换制动轮缸
	制动鼓不圆	更换制动鼓
	限位弹簧松动	更换限位弹簧
	驻车拉线未松开	调整驻车拉线
	驻车制动调整不当	调整驻车拉线

故障现象	故障原因	排除方法
制动器抖动	底板松动	检查和紧固底板
	回位弹簧弹性减弱或破裂	更换回位弹簧
	制动鼓不圆	更换制动鼓
	制动鼓呈锥形	更换制动鼓
	制动蹄的接触不当	检查制动鼓接触

（3）盘式制动器

① 盘式制动器基本原理　现在车辆大多采用盘式制动器。当制动踏板踩下时，装在壳体内外侧的制动衬块被液压力压靠在转动的制动盘上，如图5-18所示。动能通过摩擦转变为热，汽车被制动。盘式制动器在抗衰退性能、灵敏度和维护性等方面均优于鼓式制动器。

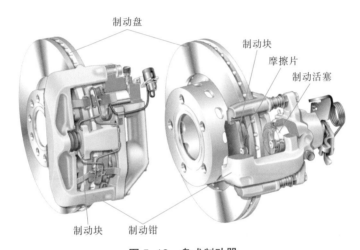

图 5-18　盘式制动器

盘式制动的盘分为实心制动盘和内通风式制动盘，如图5-19所示。实心制动盘用于需要较小制动力的小型汽车。而内通风式制动盘用于高档车辆。制动盘转动时，内部的气道产生一种风扇效应，与实心制动盘相比，冷却更快。

② 奇瑞A3前盘式制动器的拆卸

a. 使用17#套筒、力矩扳手拆下左前轮胎五颗紧固螺栓，然后取出轮胎（轮胎的拆装方法与其他车型相同，在此不再赘述）。力矩：（110±10）N·m。

b. 如图5-20所示，使用平口螺丝刀将左驱动轴紧固螺母凹陷部分撬起。

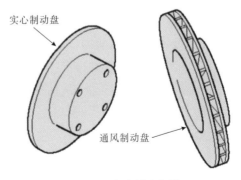

图 5-19　盘式制动分类

c. 使用32#套筒、力矩扳手拆下左驱动轴紧固螺母。力矩：（270±20）N·m。

d. 取下左驱动轴紧固螺母和里面的垫片。

e. 如图5-21所示，使用13#套筒、棘轮扳手拆下制动分泵与制动钳连接的两个螺栓，然后将其平稳地放在挡尘板和转向节上。力矩：（22±1）N·m。

f. 取出制动片。

图5-20　撬起驱动轴紧固螺母凹陷部分

图5-21　拆卸制动分泵与制动钳连接螺栓

g. 如图5-22所示，使用17#套筒、棘轮扳手拆下转向节与制动钳连接的两个螺栓，并取下制动钳。力矩：（85±5）N·m。

h. 使用11#梅花扳手拆下制动盘定位螺钉。力矩：（8±1）N·m。

i. 如图5-23所示，使用13#梅花扳手拆下制动油管与制动分泵连接螺母后，使用干净的容器回收制动液，然后取下制动分泵。力矩：（17±1）N·m。

图5-22　拆下转向节与制动钳连接螺栓

图5-23　制动油管与制动分泵连接螺母

j. 安装步骤请参考拆卸步骤，以相反的顺序进行。

③ 前盘式制动器的检查

a. 制动衬块的检查：制动衬块的检查方法如图5-24所示。

标准厚度：11.0mm。

最小厚度：1.0mm。

b. 制动盘厚度检查：

·清洗制动盘摩擦面。

注意　如果制动衬块衬片厚度小于最小值，则更换前制动衬块。

图 5-24　制动衬块的检查

图 5-25　制动盘厚度检查

·如图5-25所示，用千分尺测量并记录沿制动盘圆周均匀分布的4个或4个以上位置点的最小厚度。务必确保仅在制动片衬面接触区域内进行测量，且每次测量时千分尺与制动盘外边缘的距离必须相等。

·如果制动盘厚度超过规格，则制动盘需要进行表面修整或更换。

检查制动盘厚度，如果前制动盘厚度小于最小值，则更换前制动盘。

> **注意**　对制动盘需要进行表面修整或更换后，制动片也要进行更换。

标准厚度：26.0mm。

最小厚度：24.0mm。

c.制动盘跳动检查：

·安装前制动盘。

·使用专用工具和轮毂螺母拧紧制动盘。力矩：110N·m。

·如图5-26所示，将百分表安装在减震器上，远离车桥轮毂和转速传感器。使用百分表在制动盘边缘距离外侧13mm的位置测量制动盘跳动。

图 5-26　百分表检查制动盘跳动量

最大制动盘跳动：0.05mm。

④ 盘式制动器常见故障分析　与盘式制动器有关的制动系统故障现象、故障原因与排除方法见表5-2。

表5-2　与盘式制动器有关的制动系统故障现象、故障原因与排除方法

故障现象	故障原因	排除方法
制动跑偏	制动钳或制动钳活塞黏着或卡滞	更换制动钳
	制动片上有润滑脂、制动液或制动片变形	擦拭污染物或更换制动片
	制动钳或悬架与制动盘连接部件松动	按规定扭矩紧固连接螺栓
制动踏板抖动	制动盘端面跳动过大	进行表面修整或更换
	车轮轴承间隙太大或太小	调整车轮轴承间隙
	制动片磨损超过极限	更换制动片
制动片异响	制动盘端面跳动过大	检测端面跳动量，不合格则更换
	制动盘的表面硬度与摩擦衬片配合不恰当	更换厂家规定的制动盘和制动片
	前轮轴承间隙过大	调整前轮轴承间隙
踩制动踏板时费力	钳体与支架卡滞	检修或更换导向销
	制动片过度磨损	更换制动片
	制动钳活塞黏着或反应慢	更换密封圈或活塞
制动踏板行程变大	制动片严重磨损	更换制动片
制动拖滞	制动钳导向销润滑不当	重新润滑
	制动钳和支撑面的间隙不恰当	调整间隙

5.5 制动液

制动系统的制动力是通过制动液来传递的，如图5-27所示。

制动液有以下特点：

① 高沸点。

② 低凝固点。

③ 低压缩率。

④ 抗老化。

⑤ 对制动系统中使用的金属和非金属材料无腐蚀性。

⑥ 低吸湿性（不易吸收水分）。

⑦ 良好的润滑性能。

⑧ 低内摩擦。

⑨ 与其他同类制动液互溶。

图 5-27　制动液

 注意　常用制动液应保存于密封容器内，不得接触汽车的漆面。万一制动液滴在漆面上，应立即用水冲掉。

根据车型，制动液每两或三年必须更换一次。同样，根据车型，必须使用DOT3或DOT4制动液。

当车辆停止行驶或者存放时，需要保持车辆的停止状态，这时需操作驻车制动。驻车制动器通过拉索或者其他设施控制后轮制动，如图5-28所示。

图 5-28　驻车制动系统结构

驻车制动器常用形式见表5-3。

表5-3　驻车制动器常用形式

形　式	说　明
 机械式驻车制动器	拉动手制动手柄，带动拉线使制动器内的制动蹄张开，以制动后轮
 脚刹式驻车制动器	传统式"手刹"用手来操纵，这对于女士来说常常会因为用力太小而使驻车制动力不足，发生溜车现象。脚控式驻车制动很好地解决了这一问题
电子式驻车制动器	电子式驻车制动（EPB）只需要按动电动开关就可以操作后制动器上的制动卡钳，实现车辆的驻车制动

电控制动系统是在常规制动的基础上，接收描述汽车运行状况信号的信息，输入到控制中心通过计算，对制动力进行主动控制的安全装置，使汽车能实现更好的制动性。

5.7.1 ABS防抱死控制系统

ABS是一种用于汽车制动的主动安全装置，结构分布如图5-29所示，且ABS防抱死控制系统有下列优点。

① 制动时保持方向稳定性。

② 汽车在制动时仍可保持转向能力，保持良好的操纵性。

③ ABS控制可延长轮胎寿命。

④ 在紧急制动时，驾驶员可完全专心于汽车的转向操作。

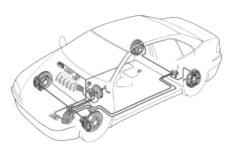

图5-29 制动控制系统分布

ABS防抱死控制系统的几种制动情况见表5-4。

表5-4 ABS防抱死控制系统的几种制动情况

具体情况	说　明
正常制动	在正常制动情况下，ABS系统对汽车制动没有影响。当踩下制动板，进油阀和出油阀都不工作，制动液从制动主泵进入到制动分泵
压力保持	如果ABS控制模块检测到车轮即将抱死，将关闭通往受影响回路的进液阀。此时，即使增加踏板力，车轮回路中的制动压力也不会再增加

第5章

具体情况	说　明
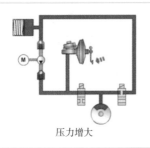 压力减少	如果制动压力不变，车轮转速继续降低，说明车轮抱死的现象没有缓解，那么接下来需要减小制动压力 为了减小制动压力，ABS模块继续保持进液阀关闭，但脉动开启出液阀。这种减压是受控的，以便使车轮滑移率重新回到最佳范围。这时车轮制动器回路的制动压力下降，车轮转速重新提高
 压力增大	如果车轮转速增加超过了最佳滑移范围，ABS模块向阀发信号，增加通向受影响回路的压力。在此过程中，出液阀保持关闭，进液阀脉动开启。随着制动液在压力作用下流入轮缸，车轮制动回路的压力逐渐重新增加

ABS在工作期间，需要多频次地重复以上几个过程，这样汽车的车速在制动过程中始终保持在最佳范围内。同时制动液在制动管路内部来回移动，这种移动会通过制动总泵反弹到制动踏板，所以在ABS的工作过程中，驾驶员会感觉到制动踏板反复弹脚。

5.7.2 电子制动力分配控制系统

电子制动力分配（EBD）是建立在ABS基础之上的附加软件功能，EBD利用ABS的液压控制单元控制调节后轮的制动压力，从而避免后轮制动抱死，如图5-30所示。

从功能上考虑，EBD取代了传统制动系统所用的压敏调节器（比例阀）或者负荷分配阀。EBD不能取代ABS的功能，其作用范围在正常制动时及ABS启动前，如果在EBD的调节下不能避免车轮抱死，那么EBD功能自动退出，由ABS接替EBD继续工作。

图5-30　EBD的制动力调节

5.7.3 其他电控制动控制系统

现在汽车的制动系统在ABS的基础上，开发了许多电控制动系统，见表5-5。

表5-5　其他电控制动控制系统

名　称	说　明
 电子牵引力控制系统	电子牵引控制系统试图通过减小发动机扭矩或制动空转车轮来优化向前的牵引力，直至重新获得最佳牵引力
 上坡制动辅助系统	当车辆在上坡的时候，发动机运转时踩下制动以后，如果松开制动踏板，此系统仍然能使车辆在一段时间内保持制动的状态
 陡坡缓降系统	在下坡过程中，按下陡坡缓降开关，仪表上有指示灯点亮。此时驾驶员无需踩制动踏板，车辆会自动以低速行驶，并且能够逐个对超过安全转速的车轮施加制动力，从而保证车辆平稳下坡
 弯道制动系统	在转弯制动时，CBC与防抱死系统配合工作，分别控制每个车轮制动缸的压力，从而减少过度转向和不足转向的危险
 紧急制动辅助系统	在紧急制动情况下通过自动最大化施加的制动效果来辅助驾驶员。紧急制动系统可显著缩短紧急制动距离并有助于防止发生追尾事故
 动态稳定控制系统	动态稳定性控制系统不仅能够优化起步或加速时的行驶稳定性，还可以改进牵引力的特性。此外，这个系统还能够识别不稳定的行驶条件，如转向不足或过度，有助于汽车保持安全的行驶方向
 防翻滚稳定系统	当存在倾翻危险时，防打滑系统就会做出反应，降低发动机的功率，同时对一个或几个车轮施加制动力，促使车辆转向不足，恢复稳定

第 6 章

转向系统
维修基础

CHAPTER 6

转向系统使驾驶员能控制汽车的行驶方向。转向盘与车轮通过转向机构连接在一起。为了使驾驶员的转向操作轻松一些，现代汽车大多采用了动力转向。动力转向利用电动机或液压油来给转向系统提供助力，使车辆在转弯时效率增高，如图6-1所示。

图6-1　转向系统

（1）转向系统组成及原理

机械转向系统主要组成部件有转向盘、转向柱、转向器（常见的有循环球式、齿条齿轮式）、转向拉杆、转向节球头。转向系统组成如图6-2所示，各组成部件详述见表6-1所示。

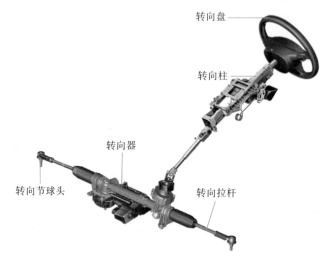

图 6-2 转向系统的组成

表6-1 转向系统组成

名　称	说　明
 转向盘	转向盘一般采用高强度材料制成，呈圆形。转向盘的外圈与中心毂之间有辐条相连，中心毂固定在转向柱顶端。安全气囊也安装在转向盘上
转向柱	转向柱用来传递驾驶员的转向意图。转向柱总成支承转向盘，还具有吸能功能，当汽车发生碰撞的时候对驾驶员起到保护作用

名　称	说　明
循环球式转向器	转向器将转向盘的旋转运动变为控制前轮的左右摆动。循环球式转向系统的一大优点是减轻了转向操纵力。这种系统比较适用于转向阻力较大的重型车辆
齿条齿轮式转向器	齿条齿轮式转向器将旋转运动转换为直线运动。小齿轮是一个圆形齿轮，被驾驶员用转向盘和转向柱转动时会来回推拉一个叫作齿条的平面齿轮 齿条齿轮式转向系统外形小巧，结构简单，在现代车辆上有广泛的应用
转向杆系	转向杆系完成转向器与车轮之间的连接。杆系将转向器的直线运动传给车轮。转向杆系带有一定角度和弯曲，这样可以节省空间
转向节球头	转向拉杆球头实际是缩小化的拉杆。球头的连接要轻快，滑动自如，如果球头连接发涩或者锈蚀，会造成转向沉重

（2）转向盘和转向柱的拆装

① 把车钥匙打到点火开关 LOCK 位置锁住转向盘。

② 如图 6-3 所示，使用卡簧钳拆下转向盘左右两边的装饰盖。

③ 如图 6-4 所示，使用内六花扳手拆下转向盘左右两边的螺栓。

图 6-3　拆卸转向盘左右两边的装饰盖

图 6-4　拆卸转向盘左右两侧螺栓

④拆下安全气囊插件后，取下安全气囊和转向盘装饰盖。

⑤如图6-5所示，使用22#套筒、棘轮扳手拆下转向盘螺母。力矩：（35±5）N·m。

⑥如图6-6所示，使用拆卸转向盘专用工具拉器拆卸转向盘，并取下。

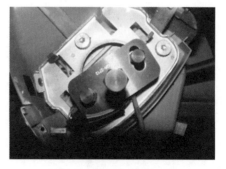

图6-5　拆卸转向盘螺母　　　　图6-6　拉器拆卸转向盘

⑦使用十字螺丝刀拆下转向管柱装饰罩上的四个螺钉。

⑧拆下螺钉后，取下转向管柱上下装饰罩。

⑨取下车钥匙、防盗线圈装饰罩。

⑩取下防盗线圈。

⑪使用十字螺丝刀拆下组合开关上的四个螺钉。

⑫拔下组合开关上的雨刮插件。

⑬拔下转向开关插件。

⑭按图6-7所示的箭头方向拔下开关插件。

⑮取下组合开关。

⑯拔下图6-8中所示白色插件。

⑰拔下图6-9中所示的插件。

⑱如图6-10所示，使用13#扳手拆下点火开关在转向管柱上的两个螺栓。力矩：（22±1）N·m。

⑲如图6-11所示，使用10#套筒、棘轮扳手拆

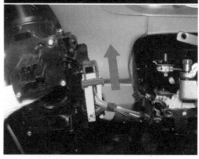

图6-7　按箭头方向拔下开关插件

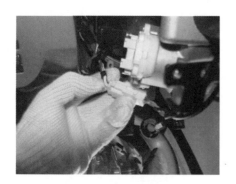

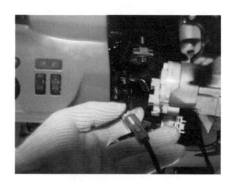

图6-8　拔下白色插件　　　　图6-9　拔下蓝色插件

图 6-10 点火开关在转向管柱上的螺栓

图 6-11 转向管柱与仪表台连接的螺栓

下转向管柱与仪表台连接的螺栓。力矩：（25±3）N·m。

⑳ 如图 6-12 所示，使用 10# 套筒、棘轮扳手拆下转向万向节与转向器连接的螺栓，然后取下转向管柱总成和转向万向节总成。力矩：（30±3）N·m。

㉑ 安装参照拆卸相反的步骤进行。

（3）转向器总成的拆装

① 举升车辆，如图 6-13 所示，使用 13# 扳手拆下波纹管前端的螺母和螺栓。力矩：（17±1）N·m。

图 6-12 拆下转向管柱总成

② 拔下三元催化转化器前的橡胶圈。

③ 拔下三元催化转化器后的橡胶圈。

④ 使用 10# 套筒和棘轮扳手拆下三元催化转化器和波纹管之间的两个与车身连接的螺栓。力矩：（13±1）N·m。

⑤ 拔下后消声器与车身吊钩连接的橡胶圈，然后抬下排气管。

⑥ 拆下左制动盘。

⑦ 如图 6-14 所示，使用 17# 梅花扳手拆下左横拉杆球头与转向节连接的螺母。力矩：（35±3）N·m。

图 6-13 拆下波纹管前端的螺母和螺栓

图 6-14 横拉杆球头与转向节连接螺母

⑧ 如图6-15所示，使用8#套筒和棘轮扳手拆下左前轮速传感器螺栓。力矩：（10±1）N·m。

⑨ 从左前减震器上拔下轮速传感器线。

⑩ 拔下左前轮速传感器线。

⑪ 如图6-16所示，使用17#扳手拆下转向节与下摆臂球头的螺母。力矩：（120±10）N·m。

图6-15　拆轮速传感器

图6-16　拆转向节与下摆臂球头的螺母

⑫ 如图6-17所示，将左前制动分泵用绳子从中间穿过并固定在车上，固定好的位置不能影响拆卸。

⑬ 将左驱动轴从左转向节拔出，并用绳子扎起来，如图6-18所示。

图6-17　固定制动分泵

图6-18　吊起驱动轴

⑭ 使用卡箍钳将图6-19圈出的动力转向回油管卡箍拆下，拆卸时需准备好容器回收。

⑮ 使用17#开口扳手拆下图6-20中圈处的动力转向进油管螺母。力矩：（11±3）N·m。

⑯ 使用10#套筒和棘轮扳手拆下转向万向节与转向器连接的螺栓，如图6-21所示。力矩：（30±3）N·m。

⑰ 使用15#套筒、棘轮扳手、梅花扳手拆下图6-22所示的螺母和螺栓。力矩：（90±5）N·m。

⑱ 使用液压升降输送器顶住前桥。

⑲ 用15#扳手拆下图6-23所示圈出的车身与副车架连接的螺栓。力矩：（110±10）N·m。

图6-19　动力转向回油管卡箍

图6-20　动力转向进油管螺母

图6-21　转向节和转向器的连接螺栓

图6-22　拆卸螺栓、螺母

图6-23　车身与副车架连接螺栓

图6-24　车身与前副车架连接螺栓

⑳用15#扳手拆下图6-24中圈出的车身与前副车架连接的螺栓。力矩：（110±10）N·m。

㉑在发动机舱内用13#扳手拆下减震器与车身壳体连接的三个螺母。力矩：（50±5）N·m。

㉒使用液压升降输送器将前桥放下，取下前桥、悬挂和转向器，如图6-25所示。

㉓如图6-26所示，使用19#套筒、棘轮扳手拆下副车架与转向器左边连接螺栓。力矩：（100±10）N·m。

图6-25　前桥

图6-26　副车架与转向器左侧连接螺栓

㉔如图6-27所示，使用19#套筒、棘轮扳手拆下副车架与转向器右侧连接螺栓。力矩：（100±10）N·m。

㉕取下如图6-28所示的转向器总成。

㉖安装参照拆卸相反的步骤进行。

图6-27　副车架与转向器右侧连接螺栓

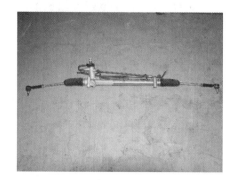

图6-28　转向器总成

现代汽车的动力转向系统是在机械转向系统的基础上增加了一套助力装置，这样可以使转向操纵更加轻便。在正常情况下，采用动力转向系统的汽车在转向时所需要的力一小部分由驾驶员提供，而大部分作用力由助力装置提供，助力装置失效时，仍能够确保转向系统的机械部件正常工作。现代汽车使用的动力转向系统主要有液压助力转向系统和电动助力转向系统两种类型。

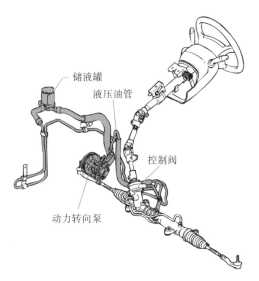

图6-29　液压助力转向系统组成

（1）液压助力转向系统

液压助力转向系统在机械转向系统的基础上添加了一套液压系统。大多数车辆使用机械液压助力转向系统，它的液压系统完全由机械装置控制。在机械液压助力转向系统中，转向操纵机构和传动机构与机械转向系统相似，但其转向器中增加了转向控制阀和转向动力腔，这种转向器也称为整体式转向器。液压助力式转向系统主要由储液罐、动力转向泵、液压油管、控制阀等组成，如图6-29所示。

动力转向泵将储液罐中的动力转向液加压后输送给转向器，为液压系统提供高压动力转向液。它通常安装在发动机前端，由曲轴通过传动带驱动。

目前大部分车型使用叶片式动力转向泵，一般由壳体、驱动轴、转子、定子、叶片等组成。叶片式动力转向泵组成如图6-30所示，驱动轴与转子采用花键连接，二者共同转动。转子呈圆形，且加工有滑槽。滑槽中安装有叶片，叶片可以在滑槽中沿转子径向滑动，由于离心力的作用，转子转动时叶片外端始终与定子的内表面接触。于是，转子、定子和任意相邻两叶片组成独立的泵腔。定子内腔横断面呈椭圆形，以满足单个泵腔容积变化的要求。

（2）电动助力转向系统

电动助力转向（Electric Power Steering，EPS）系统采用电动方式来实现汽车的转向助力，它是一种智能助力转向系统，能够提供汽车不同工况下转向所需的助力转矩。电动助力转向系统取消了动力转向泵，简化了转向系统的结构，同时减轻了发动机负荷，使汽车具有较好的燃油经济性。电动助力转向系统还具有可变助力转向功能、辅助回位功能和转

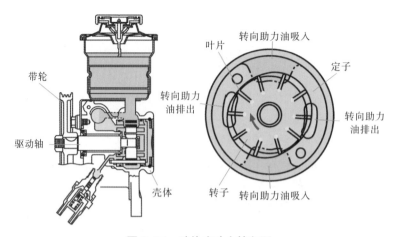

图 6-30 叶片式动力转向泵

向阻尼调节功能。

　　根据动力转向电动机安装的位置不同，电动助力转向系统分为齿轮助力式、齿条助力式和转向柱助力式三种形式，它们的工作原理大同小异。

　　① 齿轮助力式

　　齿轮助力式电动助力转向系统如图6-31所示。助力电动机和减速机构与齿轮齿条式转向器的

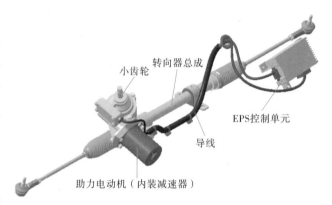

图 6-31 齿轮助力式电动助力转向系统

小齿轮相连接，直接驱动小齿轮，以提供转向助力。

　　② 齿条助力式

　　齿条助力式电动转向系统如图6-32所示，助力电动机和减速机构与转向器的齿条连接，直接驱动齿条，以提供转向助力。

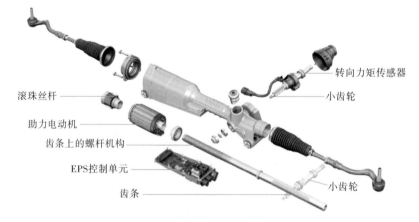

图 6-32 齿条助力式电动转向系统

③转向柱助力式

转向柱助力式电动助力转向系统如图6-33所示，助力电动机固定在转向柱一侧，通过与助力电动机封装在一起的减速机构与转向柱相连，直接驱动转向柱，以提供转向助力。

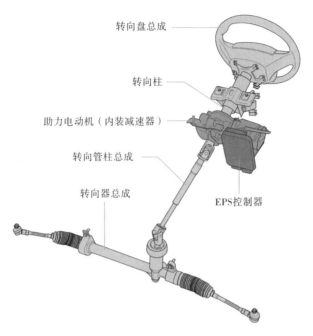

转向盘总成

转向柱

助力电动机（内装减速器）

转向管柱总成

转向器总成

EPS控制器

图 6-33　转向柱助力式电动助力转向系统

第 **7** 章

悬架系统
维修基础

CHAPTER 7

7.1 悬架系统基础及组成

7.1.1 悬架系统基础

（1）悬架系统的作用

悬架系统支承汽车的重量，同时构成轮胎与汽车车身之间的连接，如图7-1所示。悬架系统的主要作用如下。

① 承受地面给车身的各种力，并把发动机的动力传递给路面，保证车辆的行驶。

② 利用弹簧和减震器起到缓冲减震的作用，确实让乘客感受"坐轿"的感觉。

③ 车辆在路面行驶时，轮胎等部件在悬架系统的作用下只能相对车身上下跳动，而不会左右随意摆动，起到导向的效果。

④ 在车辆转向时，保证整个车辆的稳定性，防止出现过大的倾斜。

图 7-1　悬架系统

（2）悬架系统对车轮定位的影响

调整汽车悬架可能会使车轮定位失准。车轮定位失准会给车辆行驶造成很多麻烦。车轮定位不正确会使前轮轻度打滑、磨损、方向跑偏等，如图7-2所示。

（3）悬架系统的类型

图 7-2　悬架对车轮定位的影响

悬架系统有非独立悬架系统和独立悬架系统两种类型。

非独立悬架系统的结构特点是两侧车轮由一根整体式车架相连，车轮连同车桥一起通过弹性悬架系统安装在车架或车身的下面，如图7-3所示。

独立悬架系统是每一侧的车轮都单独地通过弹性悬架系统安装在车架或车身下面，如图7-4所示。

图 7-3　非独立式悬架

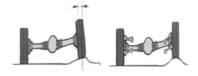

图 7-4　独立式悬架

独立悬架比非独立悬架的重量轻，因而能大大改善平顺性，独立悬架也改善了操纵性和转向性能。

7.1.2 悬架系统组成

悬架系统主要由弹性元件、导向机构组成，如图7-5所示。

（1）弹性元件

悬架系统的弹性元件主要有螺旋弹簧、扭杆弹簧等。

① 螺旋弹簧　螺旋弹簧如图7-6所示。螺旋弹簧可以提供良好的平顺性、舒适性与操纵性，得到广泛的应用。

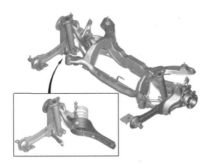

图7-5　悬架组成

图7-6　螺旋弹簧

② 扭杆弹簧　在汽车转弯、制动或加速时，车轮会受到额外的冲击，平衡杆的扭杆就用来克服这些冲击，保持车辆的稳定性。

扭杆一端固定到车架上，另一端与悬架部件相接，如图7-7所示。

（2）导向机构

悬架系统的导向机构主要由减震器来完成，减震器主要分为以下三类。

① 液压减震器　减震器的作用是阻滞或限制悬架系统的运动。减震器上端接在车身或底盘上，下端接在与车轮一起运动的悬架部件上，如图7-8所示。减震器与弹簧并联作用。液压减震器的缺点是容易产生气穴，当液压油运动过快产生泡沫时，会降低减震器的

图7-7　扭杆弹簧

图7-8　液压减震器

性能。当减震器漏油时，会影响减震器的工作效能。

② 空气减震器　空气减震器是利用减震器里面空气量的多少来调节减震器的软硬程度，如图7-9所示。由于空气量的多少能够实现电子控制，减震效果要比液压减震器优越，多使用在高级轿车上面。

③ 电磁减震器　电磁减震器的核心在于其中充当阻尼介质的电磁油液，这种物质在通电时内部组织结构会发生变化，如图7-10所示，这样造成油液通过电磁流液时速度会发生改变而实现阻尼效果。电磁减震器的优势在于它的反应速度可以比传统减震器快5倍。

图 7-9　空气减震器

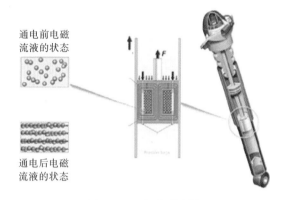

图 7-10　电磁减震器

7.2 前悬架

7.2.1 前悬架分类与原理

前悬架经常采用的有麦弗逊式、短/长控制臂、双臂式等独立悬架。

（1）麦弗逊式独立悬架

麦弗逊式独立悬架使用螺旋弹簧，并安装在支撑杆上，这样就消除了底盘上其他的弹簧安装点的要求，使底盘的结构更加紧凑，如图7-11所示。

（2）短/长控制臂独立悬架

采用短/长控制臂独立悬架使轮胎接地面积大、抓地性能优异，因此绝大部分纯正血统的跑车的前悬架均选用双叉臂式悬架，如图7-12所示。

（3）双臂式独立悬架

双臂式独立悬架性能仅次于麦弗逊式独立悬架，具有不错的性能。双臂式独立悬架组成如图7-13所示。

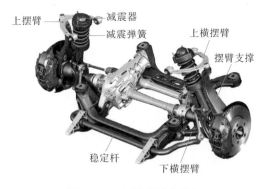

图 7-11　麦弗逊式独立悬架

图 7-12　短/长控制臂式独立悬架

图 7-13　双臂式独立悬架

7.2.2 前悬架的拆装与维修

（1）前悬架的拆装

① 减震器总成及减震弹簧的拆卸（以左前车轮为例）

a. 使用17#扭力扳手或随车扳手卸下轮胎紧固螺母，卸下轮胎。力矩：（110±10）N·m。

b. 拔下轮速传感器线并将线固定在不影响减震器拆卸的地方。

c. 使用13#扳手拆下如图7-14所示减震器与稳定杆连接的螺栓。力矩：（50±5）N·m。

d. 使用18#套筒拆下如图7-15所示减震器总成与转向节的两个连接螺栓。力矩：（110±10）N·m。

图7-14　拆卸减震器与稳定杆连接螺栓

e. 在发动机室内使用13#扳手拆下如图7-16所示的减震器与车身壳体连接的三个螺母，取下减震器。力矩：（50±5）N·m。

图7-15　拆卸减震器总成与转向节连接螺栓　　图7-16　拆卸减震器与车身壳体连接螺栓

② 控制臂总成的拆卸（以左前车轮为例）

a. 使用19#梅花扳手拆下如图7-17所示的左控制臂球头与左转向节总成连接的螺母。力矩：（120±10）N·m。

b. 使用15#、18#扳手拆下图7-18中圈出的副车架与控制臂连接的两个螺栓和螺母，然后取下左控制臂总成。力矩：（120±10）N·m。

图7-17　左控制臂球头与左转向节连接螺母　　图7-18　副车架与控制臂连接螺栓和螺母

③ 前桥总成的拆卸

a. 使用13#扳手拆下排气管上的两个螺母。力矩：（25±2）N·m。

b. 使用13#套筒拆下前消声器与后消声器连接螺栓，然后断开该处的连接。力矩：

（25±3）N·m。

c. 使用10#套筒拆下波纹管与三元催化转化器处的两个螺栓，然后抬下排气管。力矩：（13±1）N·m。

d. 使用8#扳手拆下车速传感器固定螺栓，左右各一个。力矩：（10±1）N·m。

e. 取下车速传感器，左右各一个。把固定在减震器上的车速传感器线拔下，左右各一个。

f. 使用17#扳手拆下横拉杆球头螺母，左右各一个。力矩：（35±3）N·m。

g. 使用19#扳手拆下图7-19中圈出的转向节与控制臂球头连接的螺母，左右各一个。力矩：（120±10）N·m。

图7-19　转向节与控制臂球头连接螺母

h. 使用18#套筒拆下图7-20中所示的发动机后悬架与副车架连接螺栓螺母。力矩：（110±10）N·m。

i. 使用19#套筒和扭力扳手拆下图7-21中所示的转向器与副车架连接的螺栓，左右各一个。力矩：（100±10）N·m。

图7-20　发动机后悬架与副车架连接螺栓螺母

图7-21　转向器与副车架连接螺栓

j. 使用15#扳手拆下图7-22中圈处的车身与副车架连接螺栓。力矩：（120±10）N·m。

k. 使用15#扳手拆下图7-23中圈出的车身与副车架连接螺栓，左右各一个，然后取下

图7-22　车身与副车架连接螺栓

图7-23　车身与副车架连接螺栓

快速入门与提高

前桥。力矩：（120±10）N·m。

（2）前悬架的检修

悬架性能的好坏不但直接影响行驶的平顺性和乘坐的舒适性，而且对汽车的行驶安全性、操纵稳定性和燃油经济性等均有不同程度的影响。在车辆使用过程中，悬架系统的部件存在着磨损、老化及腐蚀等现象，这些现象发展到一定程度会导致悬架系统出现明显的故障症状，例如悬架发出异响、前轮容易跑偏、车身侧倾严重、减震器太硬等。当驾驶员感觉到车辆不能正常行驶或者操控时，应该及时对悬架系统进行系统性的检查和诊断，然后修复相关故障。

① 减震器的检查　当减震器出现漏油、外壳破裂、断裂等现象时，则应更换减震器，弹簧和减震器应该成对更换。为了保证车辆最佳的操控性，两个前减震器和两个后减震器应该同时被更换。

检查减震器的方法如下：

a. 目视检查减震器外部筒体是否变形或锈蚀，是否存在漏油，上下端衬套是否磨损、

图 7-24　检查减震器

老化或损坏。若减震器漏油，应更换减震器总成；如减震器筒体变形、锈蚀，应校正、除锈和重涂漆。用手握住减震器的两端，快速拉动或压缩减震器，压缩阻力应明显小于拉动阻力，否则表明减震器性能不良，应更换（图7-24）。

b. 目视检查完成后，检查轮胎的压力并调整至规定值，在需要检查的减震器一侧按压车辆，使车体上下连续回跳3~4次。每次按压时所用的力应相等，同时还应注意在松手之后车体要回跳多少次才能够停下来。用同样的方法检查另一侧的减震器。比较左、右两减震器的阻力和回跳次数，左右两侧减震器的阻力和回跳次数必须相等。如果减震器功能正常，则一松手车体就应该停止回跳，或者回跳一两次后便会停下来，否则应更换新减震器。

② 弹簧的检查　检查悬架弹簧表面是否存在变形、裂纹、锈蚀等现象，然后测量左右侧悬架弹簧的自由长度。如果弹簧的实际长度比标准长度缩短5%以上，应该更换悬架弹簧（图 7-25）。

不正确的车身高度可能导致车辆底盘在颠簸路面时拖底、损坏悬架系统部件，并出现与轮胎定位问题类似的症状。诊断悬架系统故障

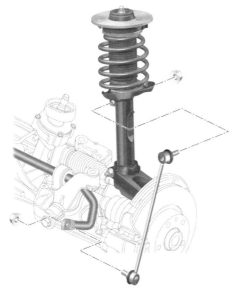

图 7-25　减震器弹簧检查

以及检查车轮定位情况前，先要检查车身高度。所有尺寸均为垂直于地面的测量值，正确的车身高度误差应在 ±10mm 内。

③ 球节的检查　球节的寿命是由车辆的行驶环境、汽车质量和球节的润滑维护状况来决定的。但是同样维护条件下，负荷式球节由于负荷比从动球节大，所以磨损程度要比从动球节严重一些。当球节磨损严重时，经常会造成以下故障现象。

a. 车辆行驶在车道时发出"吱吱"声或者爆裂声。

b. 感觉到转向盘有摆振现象。

c. 车辆不稳定，有偏摆的感觉。

d. 转向盘间隙过大。

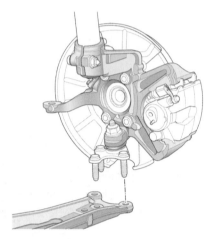

如图 7-26 所示，球节应成对更换，以确保车辆的操控性。更换球节之前，需要对车辆进行球节磨损检查，在车上检查球节磨损程度时，用千斤顶在下控制臂下面尽可能接近球节的位置将车轮顶起至规定高度（为 5～25cm），保证球头处于空负荷状态。用手或撬棍上下左右方向晃动轮胎，如果轮胎球节产生移动间隙，则必须更换球节。在检查负荷球节时也应该同时检查从动球节。同样用手或者撬棍在轮胎顶部和底部交错扳动车轮，观察并感知球节是否有移动间隙。

图 7-26　球节检查

④ 车轮轴承的检查　车轮轴承的车上检查方法如下。

a. 举升待检查车辆，升至轮胎中心与维修人员胸口平齐的位置，锁止举升机。

b. 两手分别放在轮胎的上下侧，用力晃动，以检查轴承有无松动。

如果感觉到轮胎出现摆动，则让一名维修人员协助，踩下制动踏板并保持，然后再次重复步骤 b 的操作，如果此时轮胎没有更大的摆动，应考虑车轮轴承故障；如果轮胎仍然摆动较大，则故障有可能是球节等其他部位（图 7-27）。

⑤ 其他部件的检查　检查横拉杆和衬套是否变形或损坏，若存在缺陷，应更换；检查摆臂是否变形，摆臂的衬套两端是否存在裂纹、焊缝脱落等缺陷，若有，应更换；检查各轮盘是否有压伤、裂纹和变形，严重损伤的轮盘必须要进行更换（图 7-28）。

图 7-27　车轮轴承的检查

图 7-28　其他部件检查

（3）常见故障及排除

悬架系统故障大多发生在部件磨损、老化或漏油方面，其故障现象、原因以及排除方法见表7-1。

表7-1 常见故障及排除

故障现象	故障原因	排除方法
悬架异响	下摆臂的前后橡胶衬套磨损、老化或损坏	更换衬套
	螺旋弹簧失效或弯折	更换螺旋弹簧
	减震器活塞杆与缸筒磨损严重	更换减震器
	减震器、转向节、下摆臂的连接螺栓松动	紧固松动的螺栓
前轮摆动或跑偏	轴承损坏	更换轴承
	车轮轮毂产生偏摆	更换轮毂
	轮辋的钢圈螺栓松动	按规定力矩紧固钢圈螺栓
	车轮不平衡	进行车轮动平衡测试和调整
	前轮定位角不正确	校正前轮的前束和外倾角
	下摆臂或转向横拉杆的球头销磨损或松动	更换球头销
	左右前减震器损坏或变形	更换前减震器
	转向节、减震器及下摆臂的紧固螺栓松动	按规定力矩紧固螺栓
	两前轮的气压不一致	充气到正常气压
万向节传动轴有噪声	传动轴变形	校正或更换传动轴
	万向节磨损严重	更换万向节
车身侧倾过大	减震器损坏	检查并更换减震器
	横向稳定杆弹力减弱或连接杆损坏	更换稳定杆或连接杆
	横向控制杆或下悬架控制臂磨损严重	更换横向控制杆或下悬架控制臂
转向沉重或转向盘回位不良	车轮定位不当或轮胎气压异常	进行四轮定位或轮胎充气到正常气压
	悬架控制臂球节润滑不良、咬死或损坏	润滑或更换悬架控制臂球节

7.3.1 后悬架分类与原理

后悬架经常采用的有扭转梁式悬架和多连杆式悬架。

（1）扭转梁式悬架

最大优点是左右两轮的空间较大，而且车身的外倾角没有变化，减震器不产生弯曲应力，所以摩擦小，如图7-29所示。

（2）多连杆式悬架

多连杆式悬架舒适性能是所有悬架中最好的，操控性能也和双叉臂式悬架难分伯仲，高档轿车由于空间充裕且注重舒适性能和操控稳定性，所以大多使用多连杆式悬架，可以说多连杆式悬架是高档轿车的绝佳搭档，如图7-30所示。

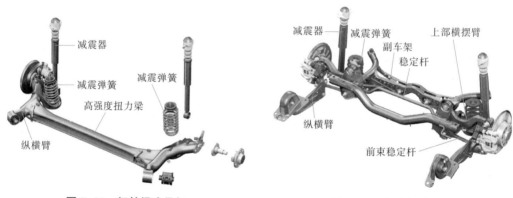

图 7-29 扭转梁式悬架　　　　图 7-30 多连杆式悬架

7.3.2 后悬架的拆装

（1）减震器总成及减震弹簧的拆卸（以右后侧为例）

① 使用17#套筒、力矩扳手或随车扳手卸下轮胎紧固螺母，然后取出轮胎。力矩：（110±10）N·m。

② 使用18#套筒拆下图7-31中圈出的减震器总成与右后下控制臂连接的螺栓。力矩：（200±20）N·m。

③ 使用17#长套筒、棘轮扳手在后备厢拆下右后减震器与车身连接的螺母，然后取出

图 7-31　减震器与右后下控制臂连接螺栓

图 7-32　下控制臂与右后转向节连接螺栓

右后减震器。力矩：（33±3）N·m。

④ 使用15#套筒、棘轮扳手拆下图7-32中圈出的右下控制臂与右后转向节连接的螺栓，然后取出右后减震弹簧。力矩：（90±5）N·m。

（2）后桥总成的拆卸

① 使用13#扳手拆下波纹管前端的螺母和螺栓。力矩：（17±1）N·m。拔下三元催化转化器前、后的橡胶圈。

② 使用10#套筒和棘轮扳手拆下三元催化转化器和波纹管之间的两颗与车身连接的螺栓。力矩：（13±1）N·m。

③ 拔下后消声器与车身吊钩连接的橡胶圈，然后抬下排气管。

④ 拆下右后挡尘板和驻车制动器。

⑤ 使用一字螺丝刀撬下图7-33中圈出的转向节支架上的固定卡。

⑥ 用8#套筒、棘轮扳手拆下右后轮速传感器螺栓，然后取出传感器。力矩：（10±1）N·m。

⑦ 使用10#套筒、棘轮扳手拆下图7-34中圈出的驻车制动器拉线固定支架螺栓。力矩：（10±1）N·m。

图 7-33　转向节支架上的固定卡

图 7-34　驻车制动器拉线固定支架螺栓

⑧ 拔下固定在右后拖曳臂支架上的右后驻车制动器拉线。

⑨ 使用18#套筒、棘轮扳手拆下图7-35中圈出的右后减震器右后下控制臂连接的螺栓。力矩：（200±20）N·m。

图7-35 右后减震器右后下控制臂连接螺栓

图7-36 右后制动分泵油管螺栓

⑩ 使用一字螺丝刀撬开右后制动油管固定卡，然后松开制动油管。

⑪ 如图7-36所示，使用13#扳手拆下右后制动分泵油管螺栓，制动液需用干净的容器回收。力矩：（17±1）N·m。

⑫ 使用液压升降输送机顶住后桥，然后使用15#套筒、棘轮扳手拆下图7-37所示后桥与车身连接的紧固螺栓。力矩：（120±10）N·m。

图7-37 后桥与车身连接紧固螺栓

⑬ 使用15#套筒、棘轮扳手拆下图7-38所示的后桥与车身连接的紧固螺栓。力矩：（120±10）N·m。

⑭ 使用15#套筒、棘轮扳手拆下图7-39所示后桥与车身连接的紧固螺栓，轻轻地降下液压机，并小心地取下后桥。力矩：（50±5）N·m。

图7-38 后桥与车身连接紧固螺栓

图7-39 后桥与车身连接的紧固螺栓

第  章

车身、车轮
与车胎

CHAPTER 8

8.1 车身基础知识

车身应保证汽车具有合理的外部形状，在汽车行驶时能有效地引导周围的气流，以减少空气阻力和燃料消耗。此外，车身还应有助于提高汽车行驶稳定性和改善发动机的冷却条件，并保证车身内部良好的通风（图8-1）。

图 8-1　车身外形

8.1.1 车身的种类

汽车的种类繁多，这里从车身特点进行了分类，如表8-1所示。

表8-1　车身的种类

车　型	说　明
四门轿车	发动机舱、座舱和后备厢各自是独立的，一般为4门
两厢车	在厢形汽车或者双座小轿车的后部安装有可以掀开后门的车体形式。没有货舱和室内的隔离，后座能够向前放倒，后部空间能够进行整理是它的特征
旅行车	一般来说大多数旅行车都是以轿车为基础，把轿车的后备厢加高到与车顶齐平，用来增加后备厢空间
运动多功能车	SUV是Sport Utility Vehicle的简写，中文意思是运动多功能车，是一种同时拥有旅行车的舒适性和空间与一定越野能力的车型，现在的SUV一般是指以轿车平台为基础生产的、在一定程度上既具有轿车舒适性又有越野车通过性的车型
MVP	MPV是指多用途汽车（Multi Purpose Vehicles），从源头上讲，MPV是从旅行车逐渐演变而来的，它集旅行车宽大的乘员空间、轿车的舒适性、厢式货车的功能于一体，一般为两厢式结构，即多用途车

车 型	说 明
  皮 卡	无车顶货厢，货厢侧板与驾驶室连为一体的轻型载货汽车叫皮卡（客货两用汽车）。驾驶室的座椅有一列的，也有2列的
 双门跑车	为双门设计，车身较低、造型流畅，有着比较强烈的运动感，座椅为双座或2+2式设计
 敞篷跑车	敞篷车一般是指带有折叠式可开启车顶的跑车，造型通常为两门两座或者两门四座，根据车顶材料可以分为软顶敞篷车和硬顶敞篷车

8.1.2 车身的功能

在设计车身时，要考虑到汽车的承载空间、车内效果（消除外界的影响）以及视野效果（宽阔的视野）。

（1）承载空间

汽车车身应给驾驶员提供便利的工作条件，给乘员提供舒适的乘坐条件，并能够提供足够的空间运载货物（图8-2）。

图 8-2　承载空间

（2）消除外界的影响

车身保护乘客和货物免受汽车行驶时的振动、噪声、废气的侵袭以及外界气候的影响（图8-3）。

（3）宽阔的视野

驾驶员在行车过程中，需要宽阔的视野，所以车身在设计过程中要减少盲区。一般说来，车辆后面的盲区是指从后车门开始向外侧展开有大约30°的区域。由于这片区域在反光镜的视界以外，我们俗称为盲点（图8-4）。

图 8-3　消除外界影响

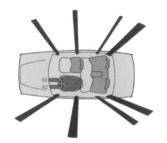

图 8-4　宽阔的视野

车身是一切车身部件的安装基础，通常是指由纵、横梁和支柱等主要承力元件以及与它们相连接的钣金件共同组成的刚性空间结构。除了车架，还有车身的外覆盖物和车内装置。

（1）车身的结构

车身结构分为承载式和非承载式。

① 承载式车身没有刚性车架，只是加强了车头、侧围、车尾、底板等部位，发动机、前后悬架、传动系统的一部分等总成部件装配在车身上设计要求的位置，如图8-5所示。承载式车身除了其固有的乘载功能外，还要直接承受各种负荷力的作用。承载式车身不论在安全性还是在稳定性方面都有很大的提高，但是产生的噪声和振动相对较大。

② 非承载式车身的车架由上面很多的横纵梁构成一个矩形结构，如图8-6所示。车架承载着整个车体，发动机、悬挂和车身都安装在车架上，车架通过前后悬架装置与车轮连接。车架上有用于固定车身的螺孔以及固定弹簧的基座。

图 8-5　承载式

图 8-6　非承载式

（2）车身壳体覆盖物

车身壳体覆盖物通常指发动机罩、后备厢罩、车门、翼子板、顶盖、前围板覆盖在车身上面的盖板。图8-7所示为后备厢罩。

（3）车柱

普通轿车车身侧面一般有三根支柱：A柱、B柱和C柱。

A柱在发动机舱和驾驶舱之间，左右后视镜的上方；B柱在驾驶舱的前座和后座之间，安全带就在B柱上；C柱在后座头枕的两侧。

图 8-7　覆盖物

A柱、B柱与C柱都是支撑车辆结构强度的主要部分。图8-8所示为C柱。

（4）仪表板

仪表板位于车舱内、驾驶员面前，用来安装全部仪表、开关锁钮及其他电气装备，如图8-9所示。

图 8-8 车柱

图 8-9 仪表板

（5）副仪表板

副仪表板也称"通道"。为了避免仪表板上仪表过分拥挤，仪表板中部向下延伸而成为仪表板的补充空间。在副仪表板上可以安装部分开关、收录机、烟灰缸、杂物厢等，如图8-10所示。

图 8-10 副仪表板

8.1.4 车身的防腐

汽车钢材和空气中的水结合后会产生腐蚀，所以车身底部可见部分的表面涂覆很厚的一层防锈化合物，同时加涂了几个保护层，包括油漆，这样就提供了有效的保护。只要这种表面涂层是完整的，就能有效地防止车身腐蚀。

（1）车身防腐

锌是一种具有极强抗腐蚀性的金属。锌氧化（成为涂用的氧化物层）时，与空气接触。这个氧化层保护它免受腐蚀。许多制造商在喷漆前通过电解过程使车身附着一层均匀的锌涂层，如图8-11所示。

（2）车身表面的喷漆

车身表面的喷漆通常是通过机器人施加一层底漆后，再喷上几层面漆，如图8-12所示。在必要的情况下，进行手动绘画作为一种补充。之间的某些层涂料的固化需要在烘箱中操作。

图 8-11 车身防腐

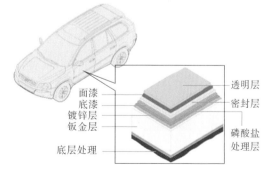

面漆
底漆
镀锌层
钣金层
底层处理
透明层
密封层
磷酸盐处理层

图 8-12 车身喷漆

长的轮距（即两侧车轮之间的距离）和长的轴距（即前后车轮之间的距离）可以形成传递受力的稳定性，当车辆在曲折道路上行驶时，这种稳定性转化为相对可预知的可靠操控。轮距和轴距如图8-13所示。

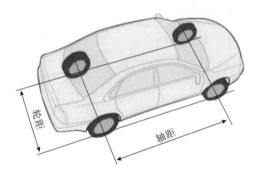

图8-13 轮距和轴距

8.2 轮 辋

轮辋是轮胎的承载体，是悬架的一部分，它对车辆行驶的安全和性能有很重要的作用（图8-14）。

图 8-14 轮 辋

8.2.1 轮辋的分类

轮辋按照材料分类可以分为以下两种。

（1）钢制轮辋（图8-15）

钢制轮辋具有如下特点。

① 制造简单，适宜大批生产。

② 为了减轻重量，改善制动装置的冷却，车轮上通常开有多个孔洞。

③ 较容易变形，多应用于低端车型。

图 8-15 钢制轮辋

（2）合金轮辋（图8-16）

现代车辆大多数应用合金轮辋。相对于钢制轮辋，合金轮辋具有如下特点。

① 质量小，轻于钢质轮辋，可以有效降低车辆油耗。

② 散热性好，合金的热传导系数为钢的3倍。车辆高速行驶时，也能使轮胎保持在适当的温度，使轮胎不易老化，增加寿命，降低爆胎风险。

③ 圆度高，圆度的精度高达0.05mm，运转平衡性能佳，有利于消除转向盘抖动现象。

④ 坚固耐用，耐冲击力、抗张力及热力较高，可以有效减少路面冲击所产生的变形。

⑤ 美观，相对于钢制轮辋简陋，合金轮辋设计新颖、形状

图 8-16 合金轮辋

美观、光泽鲜亮，大大提高了汽车的美感与价值。

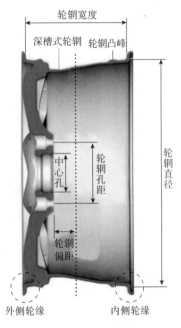

图 8-17　轮辋

8.2.2 轮辋的基本术语

轮辋的基本术语见图 8-17。

① 轮辋的宽度：是指轮胎所接触的两侧边缘法兰之间的距离，单位 in。

② 轮辋的直径：指的是轮辋的装胎直径。

③ 轮辋的偏距：是指轮辋中心线和法兰盘安装面之间的距离。轮辋中心线在安装面的内侧，则认为偏距是正。偏距值越小，轮辋中心线和安装面的距离越近，轮距也就越大；反之亦然。

④ 孔距（PCD）：是每个孔位的中心连接而成的圆的直径。孔距的大小决定了轮辋安装螺钉的位置。

8.2.3 轮辋的识别

轮辋的标识信息一般在轮辋的内侧，查看时需要拆下车轮。轮辋信息一般包括以下内容：轮辋宽度、轮辋直径、轮辋偏距等。

（1）轮辋代码（图 8-18）

下面以实际车辆的轮辋为例，其轮辋标识为 7.5Jx19H2。

7.5：表示轮辋的宽度是 7.5in（1in=2.54cm，下同）。

J：表示轮缘的高度。

x：表示深槽型轮辋。

19：表示直径（in）。

H：表示轮辋为凸峰。

2：表示两侧是对称凸峰。

图 8-18　轮辋代码

（2）轮辋偏距（图 8-19）

轮辋的偏距用字母"ET"表示，"ET55"表示该轮辋的偏距为 55mm。

图 8-19　轮辋偏距

按照气候条件的不同，可使用不同类型的轮胎以满足各种道路条件，这些轮胎类型包括夏季轮胎、冬季轮胎、四季轮胎。

（1）夏季轮胎（图8-20）

夏季轮胎用于气温在7℃以上的春夏秋季。为了能够在干、湿路面显示优良的操纵性能和制动性能，要求其具备较大的与地面接触的面积，以增加轮胎与地面的摩擦力。在胎面设计上大多采用简单的块状花纹，以增加与地面的接触面积。为了增强在湿路面的排水性能，花纹沟多为沿圆周方向的直线型。

（2）冬季轮胎（图8-21）

冬季轮胎选用的材料与夏季轮胎不同，其材质相对较软，轮胎花纹沟相对更宽更深。冬季轮胎可以在冰雪路面提供更强的抓地性和防滑性，保障低温状态下汽车在路面上的附着力。冬季轮胎在冬季干冷、湿滑或积雪路面上都能提供更好的制动和操控等性能；国际上通用的标准就是适合低于7℃温度下使用的冬季轮胎。

（3）四季轮胎（图8-22）

四季轮胎全年都能使用，它是综合了夏季轮胎和冬季轮胎的性能。但是在特定季节，其综合性能却比夏季轮胎或者冬季轮胎要弱。在极低气温下四季轮胎的抓地性能会随之而减弱；在较高的温度下其抓地性能和排水性能也比夏季轮胎弱。

图 8-20　夏季轮胎

图 8-21　冬季轮胎

图 8-22　四季轮胎

8.4 轮胎的结构

8.4.1 轮胎的组成

如图8-23所示，轮胎的结构主要包括胎面、带束层、钢丝帘线加固带层、胎体帘布层、内胶层、胎侧壁、型芯、钢芯、轮缘加强层等。

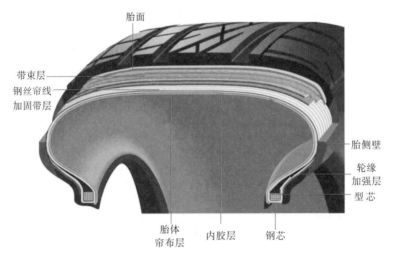

胎面

带束层
钢丝帘线
加固带层

胎侧壁
轮缘
加强层
型芯

胎体
帘布层　　内胶层　　钢芯

图 8-23　轮胎结构

① 胎面：要求具有良好的路面黏附性和排水性。

② 带束层：与最高允许车速相关。

③ 钢丝帘线加固带层：优化行车稳定性和滚动阻力。

④ 胎体帘布层：令轮胎在高内压下仍能保持其形状。

⑤ 内胶层：保证轮胎的气密性。

⑥ 胎侧壁：保护侧面。

⑦ 型芯：改善行车稳定性、转向性及舒适性。

⑧ 钢芯：使胎圈固定在轮辋上。

⑨ 轮缘加强层：加强行车稳定性和精确的转向性能。

8.4.2 轮胎的基本术语

轮胎的基本术语（图8-24）表明相关的参数性能。

轮胎直径：在无负载时，充气轮胎的总直径。

轮胎总宽度：轮胎侧面（含文字部分）最大宽度。

适用轮辋宽度：最适宜轮胎性能的轮辋宽度。

轮辋直径：适合轮胎的轮辋直径与轮胎内径相同。

断面宽度：无负载时，充气轮胎胎边外侧之间的宽度。

断面高度：无负载时，轮辋胎唇到胎面外表面的距离。

胎面宽度：轮胎花纹部分的宽度。

扁平比：扁平比 = 断面高 / 断面宽 × 100%。扁平比越低，轮胎的操控性越好，胎侧壁刚性越强，安全系数比较高；但是舒适度较低，适用于运动型的车型。扁平比越高，轮胎的操控性下降，刚性较差，爆胎时下沉量大，安全系数较低；但是舒适性好，适用于大部分车型。

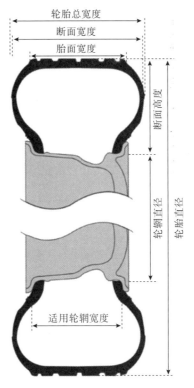

图 8-24　轮胎基本术语

8.5 轮胎压力调整

8.5.1 轮胎压力标准检查与调整

轮胎压力的高低会直接影响轮胎的使用寿命以及车辆的行驶性能，因此，应该定期测量并调整轮胎压力至标准状态。

（1）轮胎气压与轮胎磨损的关系

图8-25中展示了轮胎在三种不同的压力状态下和地面接触的痕迹。

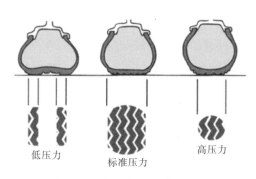

标准胎压：轮胎与地面的接触均匀，轮胎的抓地力理想，使用寿命正常。

胎压过低：轮胎两边与地面接触，中间接触面过小，将会加快轮胎的两侧磨损，减少其使用寿命；容易导致油耗高，容易过热甚至爆胎。

图 8-25　轮胎气压和磨损关系

胎压过高：只有轮胎的中间部位与地面接触，导致接触面变小，摩擦阻力变小；容易导致转向盘不稳、制动力不足等问题；轮胎的中间部分磨损加快。

（2）轮胎压力标准

车辆行驶之前，应根据车辆上轮胎压力铭牌的信息将前、后轮胎调整为标准压力。如图8-26所示为轮胎压力的铭牌信息，它包括了常规轮胎和备用轮胎的气压标准。

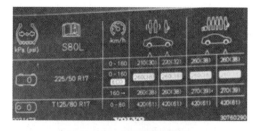

对于常规轮胎，由铭牌信息可知，如果车辆经常行驶在城市道路，而乘员数量在3个以内，则前后轮的轮胎压力标准应分别为220

图 8-26　轮胎压力铭牌

kPa、210 kPa。对于低油耗轮胎（ECO），其气压标准为260 kPa。

对于备用轮胎，应将其气压调整为420 kPa，并且行驶车速不能超过80 km/h。

（3）轮胎压力测量与调整

轮胎压力的测量应该是在冷态下（轮胎温度与所在环境温度相同）进行的。测量胎压前，应提前查看轮胎压力铭牌信息，理解各个轮胎的气压标准，并确认客户的驾驶车速。测量时，使用胎压表进行，如图8-27所示。如果胎压过高或者过低，则应调整至标准值。

图 8-27 轮胎压力测量   图 8-28 备用轮胎

8.5.2 备用轮胎的使用

当车辆的常规轮胎发生爆胎或被扎后，可以使用备用轮胎进行替换使用，但是它仅可短时间使用。因此，替换了备用轮胎的车辆，应及时将车辆开往经销商处进行维修或者更换轮胎。备用轮胎（图8-28）使用时需要注意如下事项。

① 备用轮胎因为使用频率低，所以尺寸会比正常轮胎偏小。

② 备用轮胎的扁平率、轮胎直径等都与常规轮胎有区别。

③ 换上备用轮胎后，四条轮胎的摩擦系数不同，地面附着力不同，气压不同，所以不建议长时间使用。

④ 使用备用轮胎时，车速一般限制在80 km/h以内。

8.6 轮胎磨损检查

（1）轮胎磨损的极限标准

为了保证车辆行驶安全，各国均规定了车辆轮胎的磨损极限，一般轮胎磨损到了极限位置，则必须更换轮胎。我国国家标准规定轿车用的子午线轮胎花纹磨损极限为1.6mm；美国规定汽车轮胎的磨损极限为花纹沟槽深度不低于1.0mm；日本规定轿车用的轮胎磨损极限为1.6mm。

为了方便客户对车辆轮胎进行磨损程度判断，也为了方便维修人员对轮胎磨损程度进行测量，现代车辆的轮胎一般配置轮胎磨损指示标志，如图8-29所示。当轮胎磨损到指示标志位置时，就说明轮胎已经磨损到了极限，则必须更换轮胎。

（2）轮胎磨损的测量

当车辆进入车间进行轮胎检查时，维修人员可以使用轮胎花纹深度测量尺来测量轮胎花纹的深度，以判断轮胎的磨损程度，如图8-30所示。测量轮胎花纹深度时，需要找准测量位置，如果胎面有任何一个地方的花纹深度低于1.6mm，都要对轮胎进行更换。为了保证车轮行驶性能，建议夏季轮胎花纹深度不低于3mm，冬季花纹深度不低于4mm。

图8-29　轮胎磨损指示

图8-30　轮胎磨损的测量

8.7 轮胎拆卸与更换

拆装车轮和轮胎，必须按照规范进行，否则可能会导致事故的发生或者车轮和轮胎的损坏。

8.7.1 车轮的拆装

在对车轮进行拆装的过程中，特别要注意的是螺栓的安装顺序和扭紧力矩。

（1）车轮的拆卸（图8-31）

拆卸车轮螺栓时对扭矩没有要求，但是一定要按照规定的顺序进行。

① 设置驻车制动，或者将变速箱挂到P挡。

② 举升车辆至合适的位置。

③ 按照对角线的方式，依次拆卸车轮螺栓。

④ 取下车轮。

（2）车轮的安装（图8-32）

安装车轮时，要注意车轮螺栓的拧紧顺序和拧紧力矩。

① 清理轮圈与轮毂的接触面。

② 装上车轮，用手完全拧紧车轮螺栓。

③ 降下车辆使车辆无法移动。

④ 使用扭矩扳手按顺序拧紧车轮螺栓。

⑤ 拧紧扭矩分两级完成：分级1为20N·m；分级2为140N·m。

图 8-31　车轮的拆卸

图 8-32　车轮的安装

 注意 切记不能使用气动工具直接上紧。

8.7.2 轮胎的拆装

从车轮上拆卸轮胎时，需要使用专门的轮胎拆装机。不同品牌的轮胎拆装机对于轮胎的拆装方法略有不同，使用前请详细阅读操作手册。

（1）轮胎的拆卸

① 拆下气门芯（图8-33）　使用轮胎气门芯工具放掉轮胎气压。

② 切开胎壁（图8-34）使用轮胎拆装机的侧铲，压开轮胎侧壁。

图8-33 拆下气门芯

图8-34 切开胎壁

③ 放置轮胎（图8-35）将车轮放置在轮胎拆装机上，操作轮胎拆装机卡紧车轮。

④ 压下胎壁（图8-36）使用轮胎拆装机上臂压下轮胎胎面。

图8-35 放置轮胎

图8-36 压下胎壁

⑤ 撬起轮胎（图8-37）使用撬杆撬起轮胎壁，并将轮胎壁保持在轮胎拆装机上臂的上面。

⑥ 拆下上部（图8-38）在使用轮胎拆装机压下胎壁的同时旋转轮胎，拆下轮胎的上半部分。

⑦ 拆下下部（图8-39）使用撬杆撬起轮胎的下侧胎壁。

⑧ 拆下轮胎（图8-40）旋转轮胎拆装机拆下轮胎。

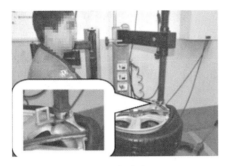

图 8-37　撬起轮胎

图 8-38　拆下上部

图 8-39　拆下下部

图 8-40　拆下轮胎

（2）轮胎的安装

① 润滑轮胎（图8-41）　安装轮胎时要先判断轮胎的内外侧与滚动方向。如果没有内外侧与滚动方向，生产日期应该放在外侧。安装前先要对安装的轮胎内侧进润滑。

② 放置轮胎（图8-42）　将轮胎放在轮胎拆装机上。

图 8-41　润滑轮胎

图 8-42　放置轮胎

③ 安装上部（图8-43）　借助轮胎拆装机压下轮胎侧壁，然后慢慢旋转轮胎拆装机，安装轮胎下部进入轮辋。

④ 安装下部（图8-44）　使用轮胎拆装机辅助支臂和撬杆压下轮胎上部侧壁，慢慢地旋转轮胎拆装机使轮胎上部装入轮辋。

图 8-43　安装上部

图 8-44　安装下部

（3）气门嘴的更换

在拆开轮胎后，使用美工刀和气门嘴安装工具就可以对气门嘴进行更换。

① 拆下气门嘴（图 8-45）　拆下轮胎后使用美工刀切掉气门嘴的橡胶部分。

② 安装新嘴（图 8-46）　装入新的气门嘴，使用气门嘴安装工具将其安装到新的气门嘴上。

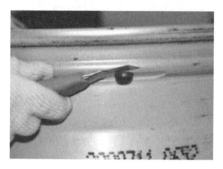

图 8-45　拆下气门嘴

图 8-46　安装新嘴

③ 上紧新嘴（图 8-47）　使用气门嘴安装工具，利用杠杆原理上紧气门嘴。在上紧的过程中注意对轮辋的保护；更换完成后，重新做动平衡。

（4）具有轮胎压力传感器的轮胎拆卸

具有轮胎压力监控系统（TPMS）功能的车轮，拆装轮胎的方法与普通轮胎基本一致，主要的区别在于以下三个方面。

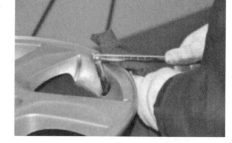

图 8-47　上紧新嘴

① 在侧面压开轮胎时有特定位置。

② 拧紧压力传感器时要按照标准力矩。

③ 重新设定胎压监测警报。

操作位置：在拆卸轮胎时在胎压传感器左右各 20° 的位置禁止一切操作，如图 8-48 所示。

传感器扭紧力矩：安装胎压传感器时，锁紧螺钉的锁紧扭矩为 8N·m。

重设警告：在两种状态下需要对TPMS进行重设警告。一种是当驾驶员信息模块（DIM）显示轮胎气压低警告或者轮胎气压超低警告时；另一种是更换新的轮胎压力传感器时。

重设警告有两种方法：停车，向压力低的轮胎充气达到标准压力的95%以上，然后以超过40km/h的速度驾驶，累计时间至少10min；如果顾客到厂，向压力低的轮胎充气达到标准压力的95%以上，然后使用启动轮胎压力传感器的专用工具来启动传感器，重设警告。

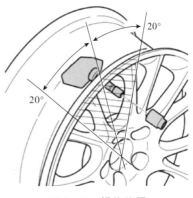

图8-48　操作位置

8.8 轮胎的动平衡

车轮的轮辋或者轮胎可能会因为质量分布不均匀，而影响了车轮的旋转平顺性。这种现象如果过于严重，则会影响车辆的驾驶性能。

8.8.1 动平衡的故障表现

车辆在行驶过程中，如果在中、高速时出现有规律的车身跳动或转向盘抖动，就有可能是车辆的动平衡问题。动平衡问题可能会导致以下问题。

① 行驶时车身或转向盘发抖，影响行驶稳定性。

② 轮胎发生偏磨，缩短使用寿命，轮胎不正常磨损后可能还会出现异响，影响乘坐舒适性。

③ 减震器、球头等悬挂部件的负荷增大，缩短其使用寿命。

8.8.2 动平衡的原理

轮胎各部分的重量不同将使车辆失去行驶稳定性，并产生异常振动，这种现象我们称为重量不平衡。重量不平衡可以分为两种形式：静态不平衡和动态不平衡。

（1）静态不平衡

车辆的静态不平衡现象是单面的，也即为了研究车辆的静态不平衡现象，我们首先把车轮看成是一个平面，并假设它是圆的。而这种不平衡，是因为在圆周方向存在质量分布不均匀的问题。

如图8-49所示，假设在车轮的周边有一较重的部位，车轮受到车轴的支撑，可以自由地转动。忽略阻力的影响，当车轮转动并自然停止后，车轮上的较重部分就会落到车轮的底部，这就是静态不平衡。

等效重心表示不平衡车轮与轮胎的实际重心，作用力沿较重部位方向作用。在车辆实际行驶过程中，当较重的点转到轮胎的顶部和底部时就会产生振动。为了解决这个问题，可以在较重部位的对称位置（较轻位置）附加一个

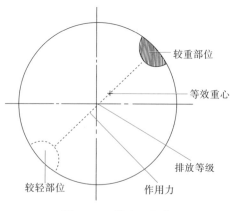

图8-49 静态不平衡

与较重位置重量相同的铅块。

（2）动态不平衡

如果轮胎是一个平面物体，则经过静态不平衡校正后轮胎应该能够平稳地转动。但是，当车辆行驶时不稳和振动却依然可能存在着，这是因为车轮存在着动态不平衡。

如图8-50所示，与在静态不平衡中描述的一样，轮胎左侧较重部位和轮胎右侧较重部位将产生振荡运动。

当车辆以高速行驶时，车轮的左侧和右侧均会发生不平衡，这种不平衡将会使车轮产生横向震动，如图8-51所示。为了解决这个问题，可以在左侧较轻部位A'附加一个与左侧较重部位A重量相同的铅块，在右侧较轻部位B'附加一个与右侧较重部位B重量相同的铅块。

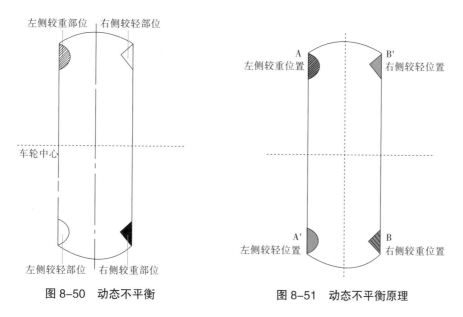

图 8-50　动态不平衡　　　　　　图 8-51　动态不平衡原理

8.8.3　车轮动平衡

尽管目前普通车辆轮胎的宽度相对较窄，但是通常仅进行静态不平衡校正是不能使轮胎平衡的。在实际的车轮平衡中，动态不平衡校正（简称车轮动平衡）非常重要，尤其对于宽面轮胎。车辆动平衡是确保轮胎整体平衡的最好方法，下面将介绍使用车轮动平衡机进行车轮动平衡的操作方法。

（1）平衡前的清洁（图8-52）

将轮胎压力调整到合适的气压。去除轮辋上的铅块，将轮胎花纹沟里的石子剔除干净，将轮辋处理干净。

（2）安装轮胎（图8-53）

将轮胎安装面朝内，装入平衡轴。选择合适的锥体，用锁紧装置将轮胎锁紧。锥体一

图 8-52　清洁轮胎

图 8-53　安装轮胎

定要对准中心孔，否则可能数据不准。

（3）测量数据（图8-54）

打开平衡机电源，拉出尺子测量轮辋距平衡机的长度。

测量轮辋宽度和轮辋直径（图8-55）。

图 8-54　测量数据（一）

图 8-55　测量数据（二）

（4）输入数据（图8-56）

依次输入刚才的测量数据。

（5）开始平衡测试（图8-57）

按下开始按键，平衡机开始带动轮胎旋转。测量开始，注意不要站在轮胎附近以免发生危险。

图 8-56　输入数据

图 8-57　开始平衡测试

（6）测量不平衡位置（图8-58）

平衡机测出数据后自动停止，将轮胎旋转至平衡机一侧位置灯全亮（不同机型显示方式不同）。

（7）安装铅块（图8-59）

在全亮这一侧的轮辋最高点（12点钟位置），敲入相应克数的铅块。在另一侧，用同样的方法，敲入相应克数的铅块。

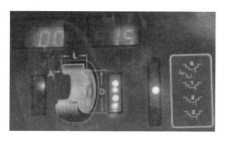
图8-58　测量不平衡位置

图8-59　安装铅块

（8）检查平衡结果（图8-60）

重新启动平衡机进行测量，如果两侧均显示为"00"，则动平衡成功完成。否则，重新匹配铅块。

图8-60　检查平衡结果

8.9 轮胎的修复

车轮被刺穿后必须及时进行修复，否则将会影响车辆的使用，甚至引发事故。刺穿的轮胎，首先要判断它是否有修复的可能性，如果允许修复则需要判断用什么方法进行修复，因为不同的修复方法对恢复轮胎的性能有所区别。

8.9.1 确认轮胎是否可以维修

在日常的维修工作中，我们通常通过以下四个方面来考虑轮胎是否可以维修：磨损程度；轮胎的损坏区域；损坏类型；损坏程度。

（1）不可修复状态

轮胎在使用的过程中如磨损超过极限、胎壁损坏、扎孔间距过小或扎孔直径过大将不可进行维修。

> 注意 速度代码为"H"级以上的轮胎，任何损坏均不可进行维修。

① 超磨损极限（图8-61） 当轮胎花纹任一部分磨损超过磨损极限都需及时更换轮胎。

② 胎壁损坏（图8-62） 当轮胎的胎肩、胎侧、胎圈损坏时不可以维修，需要及时更换。

③ 扎孔间距（图8-63） 轮胎扎孔间距在轮胎圆周上至少间隔40cm。如果小于此数值需要进行更换。

④ 扎孔直径（图8-64） 轮胎扎孔直径要小于6mm。如果大于6mm，则建议更换。

图 8-61　超磨损极限

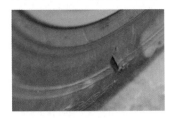

图 8-62　胎壁损坏

图 8-63　扎孔距离

图 8-64　扎孔直径

（2）可修复状态

轮胎在使用的过程中被扎伤不可避免。在满足以下条件时，轮胎是可以进行维修的。然而，出于安全考虑，当轮胎出现明显的扎伤后一般建议客户更换新轮胎。

① 正常扎孔（图8-65） 当轮胎胎面扎入的尖锐物体扎孔小于6mm，周围40mm内也无其他扎孔时，此轮胎可以进行维修。

图 8-65　正常扎孔

图 8-66　轮胎老化

② 轮胎老化（图8-66）　当轮胎橡胶老化但没有扩大到帘线层时也可以继续使用。超过6年以上的轮胎，应检查是否老化，如果老化建议更换。

8.9.2　轮胎修复的方法

轮胎的修复根据汽车轮胎受损程度，大致可分为以下三种。

（1）胶条补胎

优点：快捷方便，不需要将轮胎从钢圈上拆下。

缺点：不够耐用，容易漏气，容易损伤帘布层。

胶条补胎步骤：

① 拔下异物（图8-67）　找到被扎的位置，将扎入车胎的异物用钳子拔出。

② 处理扎孔（图8-68）　使用锥形锉，插入车胎被扎出的孔中，来回抽动数下。目的是将孔的创面锉出毛茬，以便插入胶条后能严密结合。

图 8-67　拔下异物

图 8-68　处理扎孔

③ 扎入胶条（图8-69）　取出胶条，将其穿入锥子尖部的眼儿中，并使锥眼两端的胶条等长，然后将两端的胶条并成一股。用锥子引导胶条将其慢慢插入车胎的孔中，插入的深度以进入胎内的胶条能有5cm左右的长度，同时又保证露出胎外的胶条不短于1cm为宜。这一步中需注意在插入时要确实能让胶条进入胎内。

④ 拔出工具（图8-70）　将锥子从车胎中拔出。拔出时动作要很慢，以保证在拔出锥子的同时，能把原先已进入胎中的胶条再带出两股。

图 8-69　扎入胶条

图 8-70　拔出工具

⑤ 检查漏气（图 8-71）　给车胎打足气，用肥皂泡沫在胶条周围检查有无漏气。如有漏气，补胎即失败，须按上述步骤重来；如无漏气即为成功。

⑥ 割掉多余（图 8-72）　用刀片将露出胎外部分的胶条削掉，使轮胎的外部平整。

图 8-71　检查漏气

图 8-72　割掉多余

（2）冷补

冷补是将受伤的汽车轮胎从轮辋上卸下，找到创口之后，将创口处的异物清理，从汽车轮胎内层完成补漏。冷补主要有以下两种。

① 贴胶片法：比较快捷，但可靠性较差，因此使用较少。

② "蘑菇钉"式：相对比较可靠，但工序略复杂，目前此种方法使用较多。

冷补步骤（蘑菇钉式）：

① 准备 "蘑菇钉"（图 8-73）　拆下被扎的轮胎，取出上面的钉子；准备好 "蘑菇钉"。

② 涂胶（图 8-74）　向 "蘑菇钉" 涂上专用胶水。

图 8-73　准备 "蘑菇钉"

图 8-74　涂胶

③打磨吸尘（图8-75） 将轮胎内壁被扎的部分进行打磨吸尘。

在打磨的时候不要损坏轮胎的帘布层。

④穿入"蘑菇钉"（图8-76） 将"蘑菇钉"从内侧穿入破损处，使其顶端从外侧穿出。

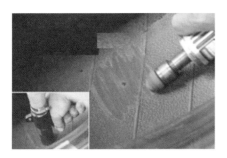

图8-75　打磨吸尘

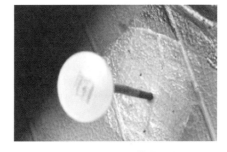

图8-76　穿入"蘑菇钉"

⑤抽出贴合（图8-77） 用工具从外侧拖拽"蘑菇钉"顶部使胎壁内的"蘑菇钉"底座尽量与胎壁贴合。

⑥压紧"蘑菇钉"（图8-78） 再次从内侧辗压以保证贴合，然后再次涂胶，补胎完成。

图8-77　抽出贴合

图8-78　压紧"蘑菇钉"

⑦割掉多余（图8-79） 在轮胎外侧将多余的"蘑菇钉"裁掉。

在补胎完毕后需要做动平衡以保证车辆行驶的平稳性。

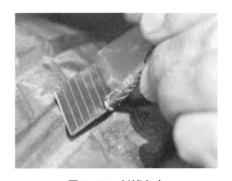

图8-79　割掉多余

（3）热补

热补是最彻底的补胎措施。汽车轮胎热补技术同样要将汽车轮胎从轮辋上卸下，然后将专用的生胶片贴附于创口处，再用烘烤机对创口进行烘烤，直至生胶片与汽车轮胎完全贴合。

优点：非常耐用，基本不用担心创口处会重复漏气。

缺点：需要控制好加热的时间，如果加热时间过长会导致轮胎局部过热硬化。

热补步骤：

① 做好标记（图8-80） 拆下轮胎，并在被扎的部位做好标记。

② 打磨内部（图8-81） 取出钉子，将被扎的部位从内部进行打磨。注意打磨的时候不要损坏轮胎帘布层。

图 8-80　做好标记

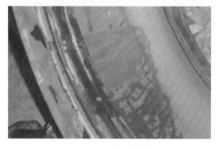
图 8-81　打磨内部

③ 贴上胶片（图8-82） 将打磨的地方涂抹上胶水，贴上专用的火补胶片。

④ 热补加热（图8-83） 使用热补机对胶片进行加热。加热时间根据热补机的要求进行设定。

注意　不要加热时间过长，否则容易导致轮胎局部硬化。

图 8-82　贴上胶片

图 8-83　热补加热（加热胶片）

⑤ 热补完成（图8-84） 热补成功后整个胶片已经和轮胎成为一体；装上轮胎，检查漏气部位是否泄漏。

注意　调整轮胎气压后做动平衡。

图 8-84　热补完成

8.9.3 各种修复方法对轮胎的影响

（1）胶条补胎

胶条补胎是一种非常快速的补胎方式。但问题是在扎胶条的时候容易伤害轮胎的帘布层，在补胎之后容易漏气。所以一般胶条补胎比较适用于应急情况。

（2）冷补补胎

冷补补胎有两种方式。胶片式密封效果比胶条补胎要好，但也比较容易漏气。"蘑菇钉"的补胎方法相对而言对轮胎的损伤较小，可靠性好。所以现在大多数采用"蘑菇钉"的补胎方法。

（3）热补补胎

热补补胎的优点是可靠性非常好，是几种补胎方式中最可靠的。但缺点是相对于其他几种补胎方式所消耗的时间较长，而且如果控制不好加热的时间容易导致轮胎局部过硬，使车辆轮胎的性能变差。

第9章

汽车电工基础

CHAPTER 9

9.1 熔 丝

汽车电路中的保护装置用来保护导线和电子元件，避免由于大于电路承载能力的电流流过导致过热或燃烧。汽车上常见的电路保护装置有熔丝、熔线、断路器或其组合，如图9-1所示。

图 9-1 电路保护装置

9.1.1 熔丝的结构

熔丝是汽车电气系统中的一种电路保护装置，如图9-2所示。熔丝的导体材料是由铅合金制成的，当有过大的电流通过时，熔丝就会被熔化，从而切断电路，避免电路和电路部件损坏。熔丝是插入件，两端间接有一个可以熔化的导体，设计保证当通过的电流超过规定值时熔丝便熔断，并能够在修复电路故障后更换。

一般熔丝由三个部分组成。

① 熔体部分 它是熔丝的核心，熔断时起到切断电流的作用，同一类、同一规格熔丝的熔体，材质要相同、几何尺寸要相同、电阻值尽可能小且要一致，最重要的是熔断特性要一致。

② 电极部分 通常有两个，它是熔体与电路连接的重要部件。它必须有良好的导电性，不应产生明显的安装接触电阻。

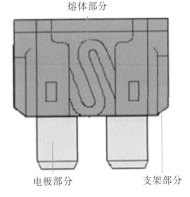

图 9-2 熔丝的结构

③ 支架部分 熔丝的熔体一般都纤细柔软，支架的作用就是将熔体固定并使三个部分成为刚性的整体，便于安装使用。它必须有良好的机械强度、绝缘性、耐热性和阻燃性，在使用中不应产生断裂、变形、燃烧及短路等现象。

9.1.2 熔丝的种类和特点

熔丝在车辆上有大量的应用，对于不同的电气系统，熔丝的种类和每种熔丝的特点都有所不同，了解熔丝的种类和特点有利于我们对其进行检查和判断。

（1）熔丝的种类

对于车辆上常见的熔丝我们可以分成叶片式熔丝、盒状熔丝、平板式熔丝（熔线）。

（2）熔丝的特点

不同类型的熔丝，根据其结构的不同，每种熔丝都有不同的特点。

① 叶片式熔丝　如图9-3所示，叶片熔丝可分为小号汽车熔丝、中号汽车熔丝、大号汽车熔丝；熔丝上都标明了它们的最大额定电流；熔丝不同颜色代表不同的额定电流。

叶片式熔丝通过色标识别额定电流，见表9-1。

图9-3　叶片式熔丝

表9-1　叶片式熔丝色标对应的额定电流

额定电流	色标	特性
1A	黑色	在110%的额定电流下，熔丝不会熔断 在135%的额定电流下，熔丝会在60min内熔断 在150%额定电流下：20A以下，熔丝会在15s内熔断；30A以下，熔丝会在30s内熔断
2A	灰色	
3A	紫色	
5A	褐色	
7.5A	棕色	
10A	红色	
15A	蓝色	
20A	黄色	
25A	无色（透明）	
30A	绿色	

② 盒式熔丝　如图9-4所示，盒式熔丝上都标有额定电流的数值；盒式熔丝也可以通过颜色区分额定电流。

盒式熔丝同叶片式熔丝一样都是插在熔丝盒中，盒式熔丝的额定电流一般比较大，见表9-2。

图9-4　盒式熔丝

表9-2　盒式熔丝色标对应的额定电流

额定电流	色标
20A	蓝色
25A	白色
30A	粉色
40A	绿色
50A	红色
60A	黄色

③ 平板式熔丝　如图9-5所示，平板式熔丝一般装在靠近电源处；平板式熔丝的额定电流比盒式熔丝大，一般用在大的用电设备或车辆的供电线路上；平板式熔丝是通过螺钉连接在电路中的，在难以使用熔丝或断路器的场合，通常用平板式熔丝，这样可以节约部分空间。

9.1.3 熔丝的检查

熔丝损坏后根据熔丝状态可以分为大电流熔丝熔断、较大电流熔丝熔断、熔丝老化断开。

无论哪种损坏原因，在更换熔丝时应使用熔丝拔出器，并更换相同规格的新熔丝。如果更换为更大的熔丝，会导致线路或电气元件过热或在熔丝熔断前损坏。

（1）大电流熔丝熔断

如图9-6所示，大电流将导致熔丝在极短的时间内熔断，熔丝的熔断间隙在2～3mm；导致电流过大的原因多为熔丝和负载之间的电路对地短路。

图9-5　平板式熔丝

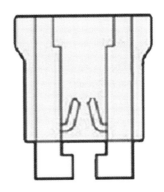

图9-6　大电流熔断

（2）较大电流熔丝熔断

如图9-7所示，较大电流将导致熔丝在很短时间内熔断。熔丝熔断间隙略小于大电流熔丝熔断间隙。导致电流较大的原因多为电气元件故障或电气元件超负载工作。

（3）熔丝老化断开

如图9-8所示，熔丝因老化断开多发生在熔丝长时间工作以后，熔丝的断开间隙很小。导致熔丝因老化断开的原因多为熔丝老化。更换与原来相同规格的熔丝即可。

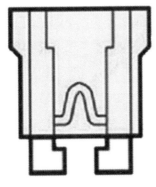

图9-7　较大电流熔断

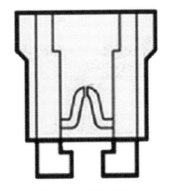

图9-8　老化熔断

9.2 继电器

继电器是一种利用小电流控制大电流的电动开关。车辆的发动机、车身等电子控制系统中都大量使用了继电器，是汽车使用最多的电子元器件之一。

9.2.1 继电器的结构

继电器有两个主要部分：一个是线圈；另一个是触点。继电器中的线圈起到控制作用；触点的状态取决于线圈是否产生磁场。当触点闭合后，被控制的用电设备开始工作。

如图9-9所示，85#和86#端子是线圈，属于控制部分；87#和30#端子是触点，属于被控制部分（即输出端）。

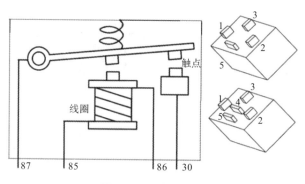

图9-9　继电器结构

9.2.2 继电器的工作原理

继电器主要应用的是电磁效应。线圈供电后产生的磁场使触点闭合，如图9-10所示。

（1）四脚继电器的工作原理

车辆继电器多为四脚，工作原理如图9-11所示。当开关闭合后电流从蓄电池正极经过继电器的85#线圈端子从86#流回蓄电池的负极，线圈两端就会产生磁场。线圈产生磁场后，就会吸引触点的87#和30#端子，使继电器的触点闭合，从而实现小电流控制大电流。

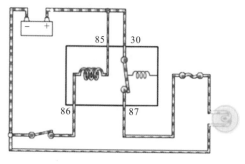

图9-10　继电器工作原理

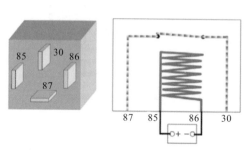

图9-11　四脚继电器的工作原理

（2）五脚继电器的工作原理

五脚继电器工作原理与四脚继电器基本相同，只是在继电器不工作的时候有一触点一直处于常闭状态。如图9-12所示，当继电器线圈$85^\#$和$86^\#$端子通电后，线圈吸引触点从$87a^\#$端子运动到$87^\#$端子，使$30^\#$端子与$87^\#$端子接通，所以五脚继电器也叫做枢纽继电器，可以起到一个转换的功能。

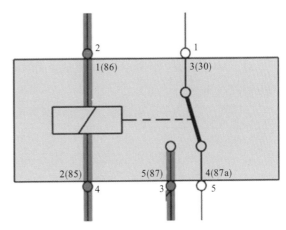

图9-12　五脚继电器的工作原理

9.2.3　继电器的应用

继电器在汽车电路中的应用非常广泛。如启动系统电路、雨刮器电路、后窗加热电路等。车辆启动时需要大的启动电流，如果使用点火开关直接控制大电流经过的点火开关，启动触点会出现触点打火、烧蚀等现象，影响点火开关使用寿命甚至会造成线路烧蚀、起火等严重后果。使用继电器以小电流控制大电流则不会出现以上问题。

如图9-13所示的启动系统电路中，CEM接收到点火开关模块的启动信号后，输出12V电压信号给启动继电器的2号端子，并控制启动继电器的4号端子搭铁，启动继电器电磁线圈通电，继电器吸合。蓄电池供电通过保险丝进入启动继电器的1号端子，在经过其3号端子流出供给起动机，起动机得到供电运转带动发动机启动。

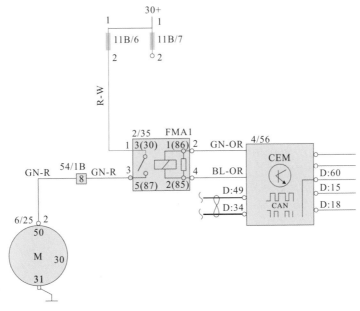

图9-13　继电器在启动电路中的应用

对于继电器的检查不能只通过测量线圈的电阻值来判断好坏，要通过多种方法来检测继电器的好坏。

① 通过万用表的电阻挡测量控制部分线圈的电阻是否符合标准，如果不符合更换继电器。

② 在不给继电器通电的状态下，用万用表的电阻挡测量触点（输出端）是否导通，如果导通，说明继电器损坏，更换继电器。

③ 将继电器接入电路中，使继电器工作，此时用万用表的电阻挡测量输出端的电阻是否很小（接近0），如果测量发现电阻触点电阻无穷大或者阻值超过标准值则说明继电器出现故障需要更换。

9.3 汽车线束

汽车线束是汽车电路的网络主体，没有线束也就不存在汽车电路。在汽车线束中，最重要的组成部件就是导线。

导线将电流送入及导出电气部件，大部分导线是铜质的。汽车上所用导线的截面积大小决定了其允许通过电流的大小。

如图9-14所示，汽车上的每条电路都有各自的电路编号，每条导线都有各自的颜色。导线可以是单色的，也可以是带条纹的。

图 9-14　汽车线束的特点

9.3.1 线束的种类

（1）普通导线

如图9-15所示，普通导线通常由多股细铜线制成。采用多股形式有较好的抗折性，不容易因反复振动而折断。普通导线由两部分组成：铜芯和外包的绝缘材料。绝缘材料通常使用PVC材料，有如下几点优势。

① 大电流下不会熔化。

② 不会产生明火。

③ 重量轻。

（2）屏蔽导线

如图9-16所示，屏蔽导线的主要作用是防止电磁干扰。如果信号线束靠近大电流或高电压的线束或元件，信号导线会受到电磁干扰导致信号失准。屏蔽导线外层包裹着铝箔或网状线束用于接地。电磁波干扰被直接接地消除。

图 9-15　普通导线

图 9-16　屏蔽导线

导线的电阻对电流的传递非常重要，影响导线电阻的因素有以下方面。

（1）温度

温度对各种材料的影响效果各不相同。例如，铜与钢的电阻随着温度增加而增加，对于有些材料，材料的电阻会随着温度的升高而减小，在进行导线电阻测量时，我们就必须将被测导线从电路中断开。

（2）截面积

导线截面积越大，意味着在相同的时间内通过的电子越多。导线越细，电流通过越困难，导线的电阻越大。电阻随导线直径的增大而减小。更换线束时，必须使用相同线径的线束。如果使用较细的线束，导线的电阻就会增加，电阻增加，导线消耗的功率就会增加，线束过热或熔化。

（3）长度

随着导线长度增加，电阻增大，这是因为电子不得不通过更多的原子。电子穿过较短的导线碰到的原子较少，因而电阻较小。

（4）锈蚀

电路中的锈蚀对电阻也有影响，发生锈蚀后电阻会增加。

9.3.3 导线的检查

如图9-17所示，对于导线的检查需要使用万用表的电阻挡来测量导线的电阻。具体操作方法如下：首先将被测导线从电路中断开；然后将万用表选好合适的量程，万用表的表针与导线接触，如果电阻超过标准值，则需要检查导线的接地和插头有无出现虚接的状态。

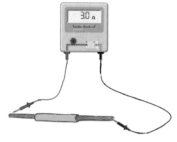

图9-17　导线的检查

9.3.4 插接器

插接器，又叫插头。汽车线路中的插头是汽车线路中经常用到的一种元件。它的作用是在电路中将不同导线连接在一起，从而使电流流通，使电路实现预定的功能。

（1）插接器的结构

汽车插头主要由针脚、外壳、附件组成。结构如图9-18所示。

（2）插接器的分类

插头可以按照连接部件和插头的结构进行分类。

① 连接部件分类　如图9-19所示，插头有两种类型：线和线插头、线和组件插头。

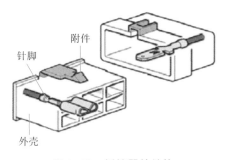

图 9-18　插接器的结构

图 9-19　插头类型

线和线插头指插头两端连接的都是线束，插头起到连接的作用。线和组件插头指线束连接到某些组件上的插头。

②　插头的结构分类　如图 9-20 所示，插头按照结构特点可以分为公插头和母插头。公插头主要是以插针为主。母插头主要是弹簧片。

图 9-20　插头结构分类

图 9-21　插头脏污

（3）插接器的故障模式

常见的插头故障形式有插头脏污、针脚脱落、插头松脱等。

①　插头脏污　如图 9-21 所示，插头脏污或腐蚀，容易造成插头各针脚间短路。

②　插头针脚脱落　如图 9-22 所示，插头外壳上的针脚卡子损坏容易造成插头针脚脱落，针脚脱落后插头接触就会不良。

③　插头松脱　如图 9-23 所示，插头外壳上的固定卡子如果损坏，就容易造成插头松脱，这样会影响电气元件的工作。

图 9-22　插头针脚脱落

图 9-23　插头松脱

（4）插接器的检查

插头主要通过以下几个方面进行检查。

① 目测检查　检查氧化情况，这可能会引起插头内部端子连接不良；检查插脚和端子是否损坏。检查其是否正确地插入接头。检查确定电线正确地连接在插脚或端子上。要特别仔细地检查插脚及端子（图9-24）。

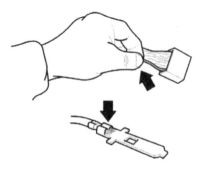

图9-24　目测检查

② 插头测量　在电线两端之间连接一个万用表测量电阻，如图9-25所示；如果插头接触良好，没有开路，万用表的读数应大约是0。

③ 插头针脚松脱检查　如图9-26所示，检查插头上的导线针脚是否有松脱迹象，如果发现，需要及时修复。

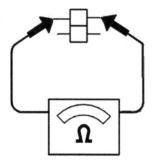

图9-25　插头测量

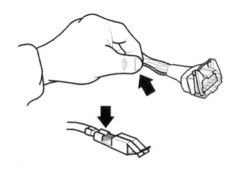

图9-26　插头针脚松脱检查

9.4 开 关

开关在电路中是个通断装置，起着接通或断开电路的作用。车辆上常见的开关主要有以下几种类型。

（1）瞬时接触开关

瞬时接触开关一般只在操作时才能处于接合状态，不操作时自动断开。

① 瞬时接触开关应用　瞬时接触开关的典型实例是喇叭开关，如图9-27所示。按下开关时，喇叭发出声响。松开按钮触点断开，声响随之停止。

② 瞬时接触开关原理　瞬时接触开关内部有簧压触点，弹簧使触点保持断开，当按下开关的顶部按键时，开关里的触点就会瞬时接通，当松开顶部按键后，触点断开，如图9-28所示。

图9-27　喇叭开关

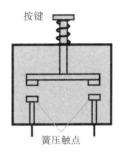

图9-28　瞬时开关原理

（2）扳动式开关

扳动式开关一般需要人工扳动才能处于工作状态。与瞬时接触开关不同的是，当停止操作后，扳动式开关并不会自动回位，只能通过再一次扳动才能恢复初始状态。

① 扳动式开关应用　灯光开关中的转向开关就是这种，通过上下扳动开关来改变转向灯光的工作状态，如图9-29所示。

② 扳动式开关原理　当扳动开关后，开关保持在扳动位置，图9-30中的1#和2#端子

图9-29　灯光开关

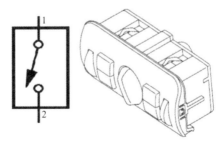

图9-30　扳动式开关原理

导通，这样就可以控制电路中的设备进行工作。

（3）控制型开关

控制型开关一般通过开关状态的变化来控制某些功能。液位开关放置在油液壶内，通过壶内液位的上下浮动，开关接通或断开，从而能够警告驾驶者液位的高低，如图9-31所示。

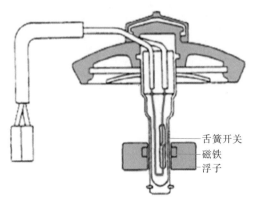

舌簧开关
磁铁
浮子

图 9-31　液位开关

9.5 接 地

在车辆上，每个电气装置的负极端和蓄电池的负极端都连接至车身的金属薄板上，以形成闭合回路。这种将所有负极端都连接到车身上的做法称为"接地"。

（1）线束接地

车辆电气元件的负极端通过线路与车身连接称为线束接地，如图9-32所示。

（2）直接接地

车辆上的电气元件的负极端直接通过元件本身与车身连接，称为直接接地，如图9-33所示。

图9-32　线束接地

图9-33　直接接地

（3）接地点的检查

通过万用表对接地是否良好进行检查，如图9-34所示。主要有以下两种方法。

① 测量接地点与蓄电池负极之间电阻（接近0）；如果不符合要求，检查接地点是否良好。

② 使用万用表测量接地点与蓄电池负极端的电压降（接近0）；如不符合要求，检查接地点是否良好。

图9-34　接地点的检查

9.6 分线点

常见的分线点主要有以下几种类型。

（1）线路连接

一条导线可以与多条支线连接，起到线路连接作用，如图9-35所示。

（2）电源分配

如图9-36所示，车辆上的供电线路通过熔丝后，经过分线点的连接可以同时给多条线路供电，节省线束成本。

（3）接地

车辆上的多条接地线经过分线点与车身负极连接，如图9-37所示，避免出现过多的接地点，方便维修，节约成本。

（4）线束中的分线点

车辆上的分线点结构如图9-38所示，分线点一般都是在线束中，不是依靠插头连接。

（5）接地分线点

如图9-39所示，车辆上的接地点有些也采用了分线点的连接方式，一个接地点上有两条接地线。

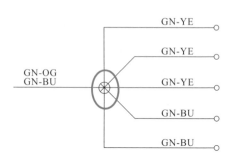

图 9-35　线路连接

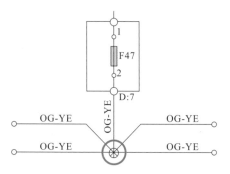

图 9-36　电源分配

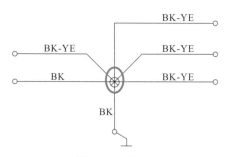

图 9-37　接地

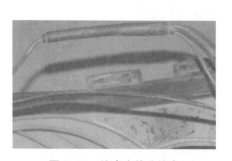

图 9-38　线束中的分线点

图 9-39　接地分线点

汽车维修 快速入门与提高

9.7 万用表使用规范

这里以FLUKE88系列汽车数字万用表为例介绍万用表的使用规范。FLUKE88系列汽车数字万用表集汽车常用检测、诊断于一身，可进一步提高测量功能和排除诊断的准确性。可以解决传统汽车和电动汽车的更多故障。

（1）直流电压测量

通过旋转开关选择DC/V挡位；通过RANG按键调整此挡位的测试量程；测量方法同常规万用表一致，如图9-40所示。

图9-40　直流电压测量

（2）导通性测试

将旋转开关旋转到蜂鸣挡，如图9-41所示；红黑表笔接触，是否有蜂鸣声，并且显示屏显示是否是0；红黑表笔分别与被测元件接触；通过声音和显示屏显示判断导通性。

（3）电阻测试

确认电路电源是关闭的；旋转开关转至Ω挡位置，如图9-42所示；测试方法与常规万用表相同；万用表的测试导线上有0.1～0.2Ω的电阻，为了避免对测试值的影响，可以通过REL模式自动调整；如果测试电阻的阻值小，可以通过按背景灯按键进入HiRes模式，显示屏可以显示0.011～9999Ω范围。

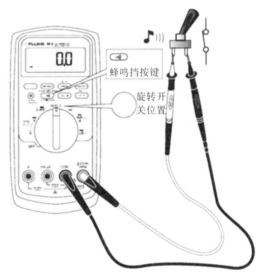

图9-41　导通性测试

（4）电容测试

旋转开关转至电容挡；通过左上角黄色按键进行测试类型切换，直到显示屏显示μnF；按照图9-43中的方法对电容进行测量；如果测试过程中，电容中有过多的

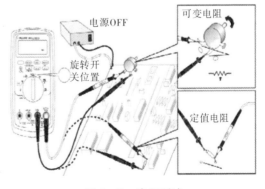

图9-42　电阻测试

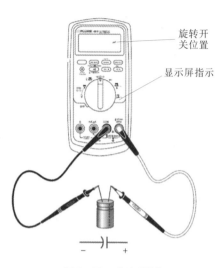

图 9-43　电容测试

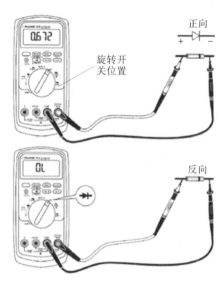

图 9-44　二极管测试

电荷，那么显示屏上将显示"disc"。

（5）二极管测试

二极管挡不仅可以测试二极管，还能测试三极管与其他半导体材料；测量二极管的好坏是通过流过二极管后的电压降大小判断的，并通过显示屏显示。好的二极管电压降是0.5～0.8V；测试方法遵照图9-44中的演示；测量二极管应该进行正、反两次测量才能判断二极管的好坏。

（6）电流测试

断开被测的电路；按图9-45的方法将黑表笔插入COM端口，如果被测电流在6～400mA之间，红表笔插入mA端口，如果被测电流超过400mA，红表笔插入A端口；旋转开关转至相应的mA或A挡位；通过左上角黄色按键转换成DC；将万用表串联接入电路中，接通电源开关，进行电流测量。

（7）转速测试

关闭发动机；依照图9-46中指示，连接传感器；旋转开关至DC/V或AC/V挡位；对于四行程车辆，通过按压左上角黄色按键一次，显示屏上显示旋转RPM2；将传感器夹在一个气缸的高压线上，并且标签在火花塞侧；启动发动机，通过显示屏读取发动机转速；

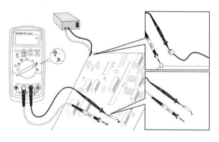

图 9-45　电流测试

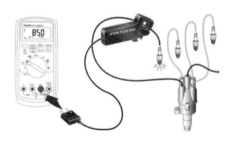

图 9-46　转速测试

拆除传感器前，须关闭发动机。

（8）频率测试

将红/黑表笔按照图9-47中方式连接在万用表上；旋转开关转至DC/V挡位；红/黑表笔分别与传感器的信号线、接地线路连接；按HZ按键一次，选择进入频率测试模式，这时候显示屏上有"HZ"显示，再按"RANG"键，选合适量程6V，显示屏右侧有"6"显示；进行传感器信号测试。

（9）脉宽测试

按照图9-48中方法连接红/黑表笔；旋转开关转至DC/V挡位；黑表笔与搭铁连接，红表笔与喷油器的控制线连接；按HZ/%按键三次，进入脉宽测试模式，显示屏有显示；启动发动机，读取测量数值。

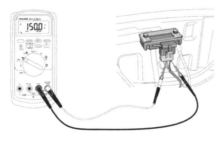 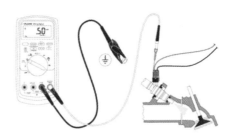

图9-47　频率测试　　　　　　　　　图9-48　脉宽测试

（10）信号电压测试

关闭发动机，依照图9-49中方法连接红/黑表笔；旋转开关转至DC/V挡位；按RANG键三次，选择6V测试量程；将表笔依照图9-49中方法与氧传感器信号线连接；启动发动机，如果氧传感器未预热，先进行预热，然后通过MAX/MIN按键进行数据记录；按压MAX/MIN显示最大值，再次按压显示最小值，第三次按压显示平均值，按住2s以上，退出此模式。

（11）发电机脉动电压测试

依照图9-50中方法连接红/黑表笔；旋转开关转至AC/V挡位；红表笔与发电机的输出端连接，黑表笔接地；运转发动机，读取测量数据，如果测量数值＜0.5V，说明发电机是正常的，测量数值＞0.5V，说明发电机的整流二极管有损坏。

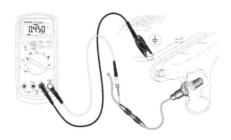 

图9-49　信号电压测试　　　　　　　图9-50　发电机脉动电压测试

（12）蓄电池电压测试

依照图9-51中方法，连接红/黑表笔到万用表上；旋转开关转至DC/V挡位；开启大灯1min，放掉蓄电池中的浮电；用表笔对蓄电池进行测量；通过显示屏读取测量数据，蓄电池充电状态如下。

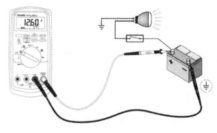

12.6 V 或 12.72 V   100 % 充满电

12.45 V   75 % 充满电

12.3 V   50 % 充满电

12.15 V   25 % 充满电

图 9-51   蓄电池电压测试

（13）万用表使用注意事项

在使用万用表过程中，不能用手去接触表笔的金属部分，这样可以保证测量的准确，也可以保证人身安全。

在测电流、电压时，不能带电换量程，尤其是在测量高电压或大电流时，更应注意，否则，会使万用表毁坏。如需换挡，应先断开表笔，换挡后再去测量。

普通数字万用表内部是有熔丝的。在使用万用表进行电路电流测量时，一定要注意测试电路的电流大小，防止被测电路电流过大，造成万用表熔丝损坏。

万用表使用完毕，应将转换开关置于交流电压的最大挡。如果长期不使用，还应将万用表内部的电池取出来，以免电池腐蚀万用表内其他器件。

注意   避免外界磁场对万用表的影响。

汽车空调

CHAPTER 10

10.1.1 物体的三种状态

物体的三种状态如表10-1所示。

表10-1 物体的三种状态

状态及说明	图 示
物理规律众所周知：许多物质具有三种聚集状态。例如水的三种状态：固态-液态-气态。制冷就遵循这个物理规律。人类一直以来都在致力于制冷。最初冷藏食品的方法是将食品储藏在"冰箱"中	冰-固态 固态（冰）
在冰（固态）转换成水的过程中，冰（固态）吸收了热量，于是冰就融化了，成为了液态的水	冰-在吸收热量时变成液态（水） 吸热（冰）
如果对水继续进行加热，那么水会沸腾并蒸发。于是水就成为气态了。气态物质可以通过冷却再转化成液态，再进一步冷却就可以转化成固态。这个原理对几乎所有物质都适用	水-在吸收热量时变成气态 吸热蒸发为气态
物质在从液态转化成气态时要吸收热量。物质在从气态转化成液态时要放出热量。热量总是从较热的物质向较冷的物质流动	物理规律 热量总是从较热的物质向较冷的物质流动
物质在某一临界点发生状态变化的这个热交换效应就被应用到空调技术上了	凝固点 例如水变成冰 沸点 例如水变成蒸汽 物质的零界点（如水）

10.1.2 空调系统制冷原理

空调系统制冷原理如表10-2所示。

表10-2　空调系统制冷原理

制冷过程	图示及说明
制冷过程和技术条件大家都知道：如果什么东西被冷却了，那么它一定会放出热量。为此在车上使用一种压缩式制冷装置。制冷剂在封闭的管路中循环流动，并不断地在液态和气态之间来回转换。就是将气体压缩，通过放出热量使气体液化（冷凝），在吸收热量的情况下通过减压来使液体汽化。这不是制冷，而是抽走车上空气中的热量	空调系统的制冷过程
制冷剂压缩	制冷剂在压缩机内被压缩，温度也就升高。这样的制冷剂被压入到循环管路中（高压侧）。在这个阶段，制冷剂是气态的，并处于高温、高压下
在蒸发器中，喷入的液态制冷剂卸压并蒸发（汽化）。为此所需要的汽化热从流经蒸发器薄片的热新鲜空气中获取，于是空气就凉了下来。因而车内就会很凉快了	在蒸发器中，喷入的液态制冷剂卸压并蒸发（汽化）
制冷剂冷凝	制冷剂经过很短的路程进入到冷凝器（液化器）内。冷凝器内已被压缩且变热的气体被流过的空气（迎风空气和风扇空气）带走了热量。在达到由压力决定的露点时，制冷剂气体就开始冷凝，也就变成了液体。在这个阶段，制冷剂是液态的，压力高，温度为中等
制冷剂汽化	液态的压缩后的制冷剂继续流到一个狭窄点处。这个狭窄点可能是一个节流阀或者是个膨胀阀。制冷剂在这里被喷入到蒸发器内，于是压力就降低（低压侧）。在这个阶段，制冷剂是蒸汽状态的，压力低且温度低
再次被抽取	又变成气态的制冷剂从蒸发器中流出。它被压缩机再次抽取，重新在环路中运动。那么这个循环过程就结束了。在这个阶段，制冷剂又变成气态，压力低，温度也低

10.2 空调系统基本组成

10.2.1 基本组成

（1）压缩机

汽车空调压缩机是制冷系统的心脏，其作用是吸入来自蒸发器的低温低压气态制冷剂，将其压缩成高温高压状态后送往冷凝器，保证制冷剂在系统中循环流动。汽车空调系统中的压缩机通常使用铝合金材料制造，不但可以减轻重量，而且散热良好。

绝大多数的空调压缩机由发动机传动带驱动（电动汽车中的空调压缩机除外），传统的固定排量压缩机由电磁离合器控制其工作，但近几年广泛使用的可变排量压缩机则可以自动调节其排量，以适应系统的不同需求。

（2）冷凝器、储液干燥器

从空调压缩机出来的高压高温制冷剂蒸气流入冷凝器，冷凝器由允许高压高温制冷剂蒸气进行快速热传递的铝管和冷却翅片制成，冷却翅片通过散热把高压高温制冷剂蒸气凝结成高压中温液体，储液干燥器位于冷凝器的左侧，与冷凝器焊接成一体。储液干燥器内部结构设计可以保证高压中温的气液混合制冷剂进入，而从储液干燥器出来的是高压中温的液态制冷剂。储液干燥器内部有吸附制冷系统水分的干燥剂，干燥剂不能重复使用。由于下列原因出现泄漏时储液干燥器芯不能维修只能更换：穿孔密封区损坏，外界空气进入系统的时间已相当长。

（3）室内温度传感器、室外温度传感器

室内、外温度传感器均为负温度系数热敏电阻。

空调控制模块根据室内和室外温度传感器信号设置内外循环电动机、冷暖温度风向电动机、鼓风机调速模块等来控制空调温度。

室外温度传感器位于车辆前保险杠下面的前格栅区域或后视镜区域，空调控制模块使用这个传感器来获知周围空气温度信息，使用该信息空调控制模块会在仪表上显示外部温度。

（4）阳光传感器

阳光传感器位于仪表板上部装饰衬垫中间。阳光传感器属于光照能量传感器，该传感器可测量阳光照射到车辆所产生的热量，为空调控制模块提供更多的补偿参数。空调控制模块根据车外光照强度的状态和车内空调工况需求，实时自动调整空调风量和冷/热风混合比例，让所有乘员均能获得最舒适的感觉。

（5）室内空调主机

室内空调主机位于仪表台内，由鼓风机电动机、鼓风机电动机控制模块、空调滤清器、加热器芯、蒸发器、膨胀阀、冷暖温度风向控制电动机以及各种空气偏转风门、通风风道构成。

（6）鼓风机电动机

为防止扇风轮叶片损坏，禁止触碰扇风轮。鼓风机由下列部件组成：永磁型电动机，笼式风扇鼓风机，在不同转速下运转转速的变化取决于由鼓风机电动机转速控制装置所控制的鼓风机电动机控制模块。如用户选择最大空调模式，绝大部分进入鼓风机的空气来自乘客舱（内循环）。大多数运行条件下，外界空气以下列方式进入车辆：鼓风机电动机工作吸入外界的空气，车辆向前运动压入外界空气。鼓风机电动机沿如下路线吹送空气：通过蒸发器芯，经过加热器芯，进入乘员舱。

（7）加热器芯

加热器芯体是加热器系统的主要部件。加热器芯体位于空调主机内，每当发动机运转时发动机冷却液就从发动机被泵入加热器芯体，加热器芯体将来自发动机冷却液的热量传输给流经加热器芯体的空气，加热器芯体有特设的进口和出口暖风水管。拆卸时，加热器芯体暖风水管必须完全泄放。维修时，配备独立暖风水管的加热器芯体必须已经是安装好的。加热器芯上装有温度传感器，此传感器将加热器芯的表面温度信号传递给空调控制模块，为自动空调控制提供更多的补偿参数。

（8）蒸发器与膨胀阀

蒸发器位于空调主机的右手侧。空调主机安装在车上时，需要对其进行拆卸，才能拆卸和安装蒸发器与膨胀阀。拆卸时，蒸发器的制冷剂管路必须完全泄放。维修时，配备独立制冷剂管路的蒸发器必须已经是安装好的。膨胀阀与蒸发器相连，安装于蒸发器的一端，位于蒸发器进口，膨胀阀的一侧连接着空调压缩机的进、排气管，一侧连接着蒸发器的进、排气管，在液体管路内对高压液体制冷剂形成限制，使制冷剂流向蒸发器时成为低压液体。膨胀阀根据空调压力下限、空调压力上限从大到小改变位置，蒸发器在空气进入乘客室之前对其进行冷却和除湿。蒸发器内产生下列过程：低压低温液体/蒸汽制冷剂进入蒸发器、制冷剂流经蒸发管、制冷剂蒸发、制冷剂蒸发时从通过蒸发器的气流吸收热量。制冷剂以低压低温状态进入蒸发器，以蒸汽状态离开蒸发器。当空气中的热量传给蒸发器芯的时候，空气中的水分湿气会凝结在蒸发器芯的外表面上形成水流出。蒸发器上配备有温度传感器以防止其结冰。该传感器对蒸发器上散热片的表面温度进行测量，若其温度低于大约2℃，则压缩机离合器就不会继续工作。若该温度增加至4℃以上，压缩机便重新开始工作。在配备自动温度控制的系统中，传感器信号首先会传输至空调模块，再通过专线传输至空调压力开关，如果空调压力满足要求，则将相应的空调开启信号传递给ECM，由ECM对压缩机离合器的闭合进行控制。

（9）制冷剂R-134a与润滑油

制冷剂在空调系统中有如下作用：吸收热量，携带热量，释放热量。车辆使用

R-134a制冷剂，制冷剂R-134a为无毒、阻燃、透明、无色的液化气体。在进行需要打开制冷系统管路或部件的维修作业前，应参阅制冷剂管路和管接头的处置以及保持化学品稳定性的说明。R-134a系统加注专用润滑油100PG合成制冷剂油，此制冷剂油易吸水，需要在密闭容器中进行储存。R-134a空调系统的内部循环中只能使用100PG合成制冷剂润滑油。安装螺纹和O形密封圈处只能使用矿物基525黏度制冷剂油，使用其他润滑油会造成压缩机或附件故障。一定要遵照说明书中的步骤进行下列维修：制冷剂回收和再生，加添机油，排干制冷系统，重新加注制冷系统。

（10）空调高压管、空调低压管、空调压力开关

车辆采用空调高压管与低压管（空调硬管和/或软管）将空调制冷系统连接成一个密闭的系统，制冷剂与润滑油在这个密闭系统里流动，完成制冷剂的工作循环过程。空调硬管由铝管和相应接头组成，空调软管由橡胶软管和相应的接头组成。空调压力开关属于三态压力开关，传送空调压力信号。

10.2.2 空调系统工作过程

（1）制冷系统工作原理

压缩机由发动机通过皮带驱动，从蒸发器中抽取气态制冷剂并将其压缩。制冷剂的温度升高至83～110℃（181.4～230.0℉）范围之间，压力达到1470 kPa（213.2 psi），高压过热制冷剂被传送至冷凝器中。此时，制冷剂内的热量便被输送至散热片的空气带走了，因为此热量的散失，制冷剂便被冷却，并留在冷凝器中。接着，温度降至53～70℃的制冷剂在高压下被送至制冷剂储液干燥器中。储液干燥器作为储存中介，滤清所有夹杂在制冷剂中的水分。干燥的过冷制冷剂被输送到膨胀阀入口处，作为蒸发器中压力与温度的一项功能，膨胀阀对进入蒸发器中的制冷剂流量进行节流减压控制，从膨胀阀出来的雾状制冷剂压力为2bar（1 bar＝0.1MPa），温度降到0～2℃，雾状制冷剂在蒸发器中受热蒸发。最后，空气中的热量在其进入乘客厢时就被蒸发器中的制冷剂吸收完全，因此，空气冷却下来，而空气中夹杂的水分则凝结在蒸发器芯表面。来自蒸发器的低压制冷剂气流流至膨胀阀上开口处，此时的制冷剂压力为200 kPa（29 psi），温度升高到5～8℃，而压缩机便在此处抽取过热的制冷剂蒸汽（图10-1）。

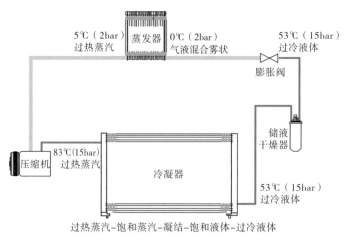

图10-1 制冷系统工作原理

（2）制热系统工作原理

当自动空调系统处于加热模式时，冷暖温度控制电动机将温度控制装置转至采暖位置，进入加热器芯的空气产生下列作用：部分或全部气流旁通至加热器芯，产生热量传递，任

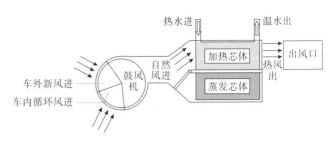

图10-2　制热系统工作过程

何不用加热的空气，在进入乘客舱前，与加热后的空气混合，获得相应的混合好的温度合适的空气。发动机冷却液状态是暖风系统是否正常工作的关键因素（图10-2）。

（3）通风控制系统工作原理

汽车空调系统中的空气经过一条曲折的通道，从进风口流动到出风口，然后被分配到整个乘客层。在通道上配置鼓风机、风门等部件即组成了汽车空调的通风系统。空调通风系统送风流向如图10-3所示。

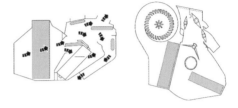

图10-3　通风控制系统送风流向

10.2.3　空调部件位置

空调部件结构如图10-4～图10-8所示。

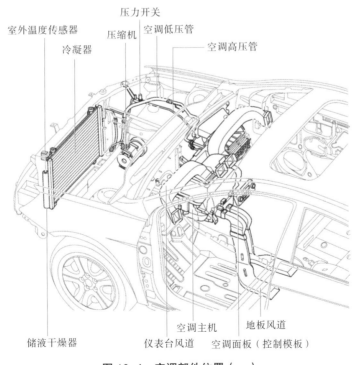

图10-4　空调部件位置（一）

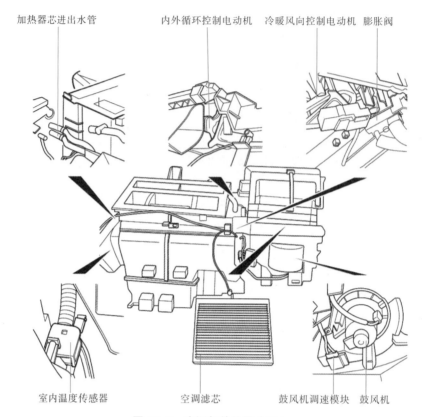

加热器芯进出水管　内外循环控制电动机　冷暖风向控制电动机　膨胀阀

室内温度传感器　　　空调滤芯　　　鼓风机调速模块　鼓风机

图 10-5　空调部件位置（二）

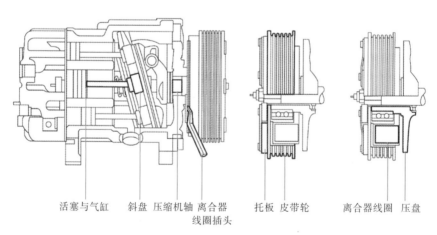

活塞与气缸　斜盘　压缩机轴　离合器　　托板　皮带轮　　离合器线圈　压盘
　　　　　　　　　　　　　线圈插头

图 10-6　空调压缩机部件位置

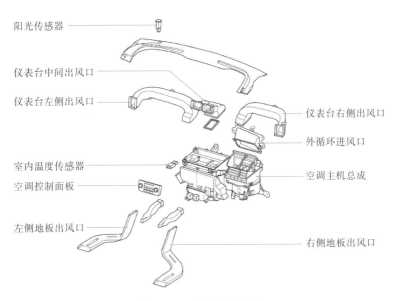

阳光传感器

仪表台中间出风口

仪表台左侧出风口

仪表台右侧出风口

外循环进风口

室内温度传感器

空调控制面板

空调主机总成

左侧地板出风口

右侧地板出风口

图 10-7　空调通风管路

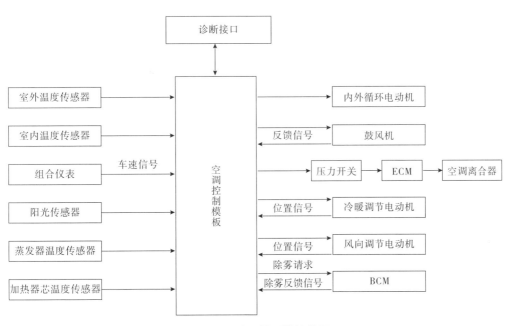

诊断接口

室外温度传感器

室内温度传感器

组合仪表

阳光传感器

蒸发器温度传感器

加热器芯温度传感器

空调控制模板

车速信号

内外循环电动机

反馈信号

鼓风机

压力开关

ECM

空调离合器

位置信号

冷暖调节电动机

位置信号

风向调节电动机

除雾请求

除雾反馈信号

BCM

图 10-8　空调控制模块简图

10.3 空调系统维修

10.3.1 空调系统常见故障检查与排除

汽车空调的制冷系统本身就是一个比较复杂的系统，它的正常工作还有赖于电气控制系统和通风送风系统的正常工作，而且汽车上使用条件也较恶劣，所以相比较而言，汽车空调的故障率较高。正确地使用和维护保养对空调系统的正常工作很重要，出现故障后，应由专业人员进行处理。表10-3仅提供空调故障的一般分析及处理方法。

表10-3　空调系统常见故障检查与排除

故障现象	可能原因	检查与排除
压缩机不工作	① 离合器无电源输入或因电气元件接触不良或损坏造成离合器端电压过低 ② 压缩机温度保护器损坏 ③ 离合器线圈短路或断路 ④ 离合器驱动盘损坏 ⑤ 制冷剂泄漏，空调压力开关保护，切断离合器电源 ⑥ 压缩机皮带过松或断裂	① 检查空调电路(若因外界气温低，空调系统的低温或低压保护则无需修理) ② 更换温度保护器 ③ 更换离合器 ④ 更换离合器 ⑤ 检查并修复漏点，补充制冷剂及冷冻油 ⑥ 张紧或更换皮带
压缩机异响	① 离合器接合时打滑 ② 离合器轴承磨损，间隙过大或缺油 ③ 压缩机皮带松或磨损引起打滑 ④ 压缩机皮带过紧引起压缩机震动 ⑤ 皮带轮中心线不对线引起压缩机震动 ⑥ 压缩机安装螺栓松动、压缩机支架松动或开裂 ⑦ 液击、系统负荷过大等原因造成压缩机内部零件损坏、咬死	① 有油渍时则清洗和修理，系统压力太高时检查并排除系统故障 ② 更换离合器 ③ 调整皮带张紧力或更换皮带 ④ 调整皮带张紧力 ⑤ 重新安装 ⑥ 重新紧固或更换压缩机支架 ⑦ 彻底清洗空调系统、更换压缩机或更换整个系统零件
压缩机不能正确自动停转	① 压力保护开关坏 ② 蒸发器温度传感器故障 ③ 电路故障	① 更换压力保护开关 ② 更换蒸发器温度传感器 ③ 检查并排除电路故障
离合器与压缩机断续接合	① 电气故障(导线接触不良、电压过低、继电器故障等) ② 蒸发器温度传感器故障 ③ 离合器间隙过大 ④ 系统压力过高 ⑤ 系统制冷剂太少 ⑥ 系统内冷冻油太少，压缩机壳体温度高，温度保护器动作	① 检查并排除电气故障 ② 更换蒸发器温度传感器 ③ 调整离合器间隙 ④ 检查并排除系统压力过高故障 ⑤ 检查并排除系统制冷剂太少故障 ⑥ 补加冷冻油

故障现象	可能原因	检查与排除
制冷效果差	① 门窗未关严或在环境温度较高时长时间使用外循环方式 ② 压缩机内部泄漏（系统高压侧压力过低、低压侧压力过高） ③ 空调系统制冷剂量过大 ④ 系统抽真空不彻底，存在有空气（高压表指针剧烈晃动） ⑤ 冷凝器脏堵 ⑥ 冷凝器冷却风扇损坏，不工作或风量较小 ⑦ 因维修原因造成冷冻油过多 ⑧ 内部零件因杂质进入系统造成异常磨损	① 关好门窗或更改循环风使用方式 ② 更换压缩机 ③ 回收系统中多余的制冷剂 ④ 回收制冷剂后重新抽真空、加注制冷剂 ⑤ 清洗冷凝器 ⑥ 修理或更换冷却风扇 ⑦ 排除多余的冷冻油 ⑧ 更换压缩机
风量异常	① 鼓风机总成不良 ·暖气用熔丝熔断 ·电线断线或连接不良 ·暖气开关工作不良 ·风扇挂有异物 ·暖气电阻断线 ·鼓风机电动机不旋转 ② 暖气电路的电压异常 ·电压下降 ·鼓风机电动机异音 ·鼓风机电动机旋转不良 ③ 空气滤清器堵塞 ④ 风量调整不良 ·暖气开关工作不良 ·暖气电阻工作不良或断线 ·鼓风机电动机旋转不良 ⑤ 蒸发散热片压扁、堵塞 ⑥ 各通风道安装不良 ⑦ 各通风道变形、折扁、弯曲	① 鼓风机总成不良 ·更换熔丝（熔丝盒、20A） ·修理电线 ·更换 ·清扫后检查鼓风机电动机 ·更换风扇及电动机总成 ·更换风扇及电动机总成 ② 暖气电路的电压异常 ·检查车辆电源电压、地线漏电及接线不良 ·更换风扇及电动机总成 ·更换风扇及电动机总成 ③ 清扫 ④ 风量调整不良 ·更换 ·更换风扇电阻或电动机总成 ·更换风扇电阻或电动机总成 ⑤ 修理或更换蒸发器 ⑥ 修理安装部位 ⑦ 更换
不吹出热风	① 冷却水温度过低 ② 冷却水未抵规定量 ③ 冷却水未循环 ·暖气铁芯堵塞 ·V形皮带调整不良 ·水泵工作不良 ·混入空气 ·温度传感器工作不良 ④ 控制钢索调整不良 ⑤ 混气风门工作不良	① 检查发动机 ② 补充冷却水 ③ 冷却水未循环 ·清扫或更换暖气总成 ·调整 ·修理水泵 ·修理水泵 ·更换 ④ 调整 ⑤ 修理连杆或更换暖气总成
吹出热风但不升温	① 从缝隙进风 ② 各通道安装不良 ③ 各控制风门工作不良	① 修理密封条 ② 修理安装部位 ③ 修理连杆或更换暖气总成
除霜器不工作	① 除霜器通道安装不良 ② 除霜器通道变形、折曲 ③ 除霜器喷口安装不良 ④ 除霜器喷口进入异物 ⑤ 控制钢索调整不良	① 修理安装部位 ② 更换 ③ 修理安装部位 ④ 清扫 ⑤ 调整

故障现象	可能原因	检查与排除
不吹出冷风	①压缩机的电磁离合器不连接 ·空调器开关工作不良 ·空调器用熔丝熔断 ·电磁离合器工作不良 ·空调器继电器工作不良 ·温度传感器工作不良 ·高低压力开关工作不良 ·电磁离合器端子无电压 ②V形皮带调整不良 ③压缩机工作不良 ④风道温度异常 ⑤蒸发器芯体结霜 ⑥暖气总成与蒸发器连接部位(通风管)安装不良 ⑦混气风门工作不良	①压缩机的电磁离合器不连接 ·更换 ·更换熔丝(熔丝盒、20A) ·更换压缩机及离合器总成 ·更换 ·更换 ·更换 ·检查空调器电路 ②调整 ③更换压缩机及离合器总成 ④排出空气 ⑤检查蒸发器或更换蒸发器 ⑥修理安装部位 ⑦修理连杆或更换暖气总成
吹出冷风但不降温	①从缝隙进热风 ②暖气总成各控制风门工作不良 ③控制钢索调整不良	①修理密封条 ②③修理连杆或更换暖气总成

10.3.2　空调系统常见维修

（1）制冷剂的回收/循环/充注

务必使用适合R134a型制冷剂的维修设备。如果系统出现意外泄漏，在维修工作前，先给作业区通风。其他健康和安全信息，可以从制冷剂和冷冻油制造商的说明书上获得。

> **注意** ①空调制冷剂和冷冻油蒸汽可能刺激眼睛、鼻子、喉咙。
> ②连接维修设备时要小心。
> ③不要吸入制冷剂和冷冻油蒸汽。

高压阀和低压阀直径不同且螺纹盖上有标记，H为高压阀，L为低压阀。如图10-9所示，制冷剂的回收/循环/充注机的高压接头1连接高压灌注阀，低压接头2连接低压灌注阀。按照设备制造商的说明，进行制冷剂回收/循环/充注的操作。

图10-9　制冷剂的回收/循环/充注

（2）空调器总成拆卸

拆除雨刮臂与前风窗下盖板（见相关操作规程）；拆除转向柱装配总成（见相关操作规程）；拆除仪表台（见相关操作规程）；使用空调充注/回收/循环机进行制冷剂（R134a）回收。

发动机舱内：

①使用工具夹紧软管防止冷冻液泄漏，拨动金属挡片后向外脱开冷却液软管接头1。

②使用十字螺丝刀拆卸两个螺钉2。

③取下热交换器密封板3。

④ 使用M10的套筒拆卸膨胀阀与管路的连接螺母4。

⑤ 立即堵上膨胀阀与管路。

⑥ 沿边缘向外轻轻拨开进气格栅，取下进气格栅5。

⑦ 使用M10的套筒拆卸固定螺母6、7（图10-10）。

⑧ 取下热交换器密封板下橡胶板1（图10-11）。

⑨ 使用十字螺丝刀拆卸螺钉1（图10-12）。

图10-10　拆卸空调器总成

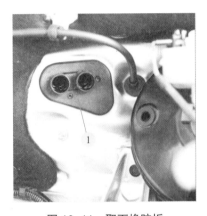

图10-11　取下橡胶板

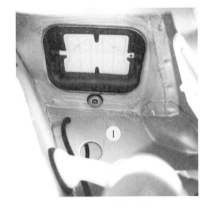

图10-12　拆卸螺钉

⑩ 使用工具取下空调出水管卡箍1，拔下出水管（图10-13）。

⑪ 直接取下空调总机1（图10-14）。

注意　热交换器不要向下翻倒，以免冷却液流出。

图10-13　取下空调出水管卡箍

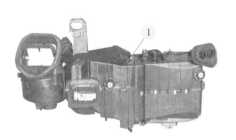

图10-14　取下空调总机

（3）热交换器的拆装

拆卸仪表板。

拆卸空调总成：

① 先脱开水温传感器。

② 使用十字螺丝刀拆卸螺钉1（图10-15）。

③ 拨开搭扣2。

④ 取下热交换器1（图10-16）。

注意　轻轻拨开搭扣，以免损坏。

图 10-15　拆卸螺钉，拨开搭扣

图 10-16　取下热交换器

（4）压缩机皮带轮和离合器的拆卸

① 将压缩机维修工具紧固在台钳上；将压缩机安装在工具上（图10-17）。

② 取下传动盘调节垫圈1，并用卡簧钳拆卸卡环2（图10-18）。

注意　热交换器两侧的海绵条在抽出时避免损坏。

图 10-17　安装压缩机在工具上

图 10-18　取下垫圈，拆卸卡环

③ 在压缩机驱动轴上安装皮带轮拆卸工具和拉器，拉出皮带轮1（图10-19）。

④ 使用卡环钳拆卸卡环1（图10-20）。

⑤ 使用十字螺丝刀拆卸螺钉1（图10-21）。

⑥ 拨开插接器背部卡扣向前滑出插接器接头2（图10-21）。

⑦ 取下线圈1（图10-22）。

安装：

① 将线圈1定位，检查定位凸块"a"是否与压缩机壳体上的定位点"b"重合（图10-23）。

图 10-19　拉出皮带轮

图 10-20　拆卸卡环

图 10-21　拆卸螺钉

图 10-22　取下线圈

②装上卡环（核实其在位良好）。

③拧上螺钉1并装上插接器接头2（图10-24）。

图 10-23　检查定位凸块

图 10-24　拧上螺钉，装上插接器

④借助压缩机皮带轮安装工具将皮带轮1安装到位（图10-25）。

安装：使用卡环钳安装卡环；调节垫圈；传动盘参考相应工艺。

图 10-25　安装皮带轮